Zu diesem Buch

In diesem Buch wird erstmalig zusammengefasst, was die Merkmale der Nahtoderfahrung für den Sterbeprozess des Menschen bedeuten. Dabei geht es darum, die inneren Vorgänge beim Sterben bewusstzumachen. Als letzte Wahrheit offenbart sich das Wesen der Liebe, das sich als geistiger Sinnzusammenhang unseres Lebens jenseits von Schmerz und Leid erweist.

Ein Buch, das Angehörigen, Pflegepersonal und Ärzten praktische Hilfe leistet im Umgang mit der Unausweichlichkeit des Todes.

Bernard Jakoby

Geheimnis Sterben
Was wir heute
über den Sterbeprozess wissen

Rowohlt Taschenbuch Verlag

Veröffentlicht im Rowohlt Taschenbuch Verlag,
Reinbek bei Hamburg, April 2007
Copyright © 2004 by Langen Müller in der F. A. Herbig
Verlagsbuchhandlung GmbH, München
Umschlaggestaltung ZERO Werbeagentur, München
(Foto: PBY)
Satz Rotis Serif PostScript (InDesign)
bei Pinkuin Satz und Datentechnik, Berlin
Druck und Bindung Druckerei C. H. Beck, Nördlingen
Printed in Germany
ISBN 978 3 499 62067 6

Inhalt

Anhang

Einleitung

Ich habe mich in den vergangenen Jahren in meinen Büchern und Veranstaltungen sehr intensiv mit dem Sterbeprozess auseinandergesetzt. Die Not vieler Menschen, mit den sich stets wiederholenden Phänomenen im Sterbeprozess umgehen zu können, scheint mir heute größer denn je zu sein. Es sieht danach aus, dass trotz zahlreicher einschlägiger Bücher und trotz des heute vorliegenden Wissens über das Sterben Angst und Hilflosigkeit den Umgang mit Sterbenden bestimmen.

Hinzu kommt heute eine um sich greifende Unsicherheit, wie es uns wohl im Alter ergehen mag. Schon beherrscht das Wort vom Generationenkrieg die Schlagzeilen angesichts einer rapide vergreisenden Bevölkerung und einem daraus resultierenden verheerenden Pflegenotstand. In wenigen Jahren werden einem Drittel junger Bundesbürger zwei Drittel ältere gegenüberstehen. Das wird zwangsläufig erhebliche soziale Probleme nach sich ziehen. Die drastischen Kürzungen im Gesundheitswesen werden dazu beitragen, dass Sterben in unserer Gesellschaft noch unwürdiger werden wird.

Angesichts dieser Daten und der ständigen Debatten über Kosten und Nutzen von Behandlungen im Alter stellt sich die Frage, ob es in Zukunft überhaupt noch möglich sein wird, in Würde zu sterben.

Der Vorschlag junger Politiker, wonach mit zunehmendem Alter Behandlungen von der Krankenversicherung nicht mehr bezahlt werden sollen, wird schnell zu einer absoluten Polarisierung der Gesellschaft führen. Dahinter steht dann auch die schleichende Einführung einer wie auch immer gearteten Euthanasie. Das Leben wird zu einem Wert, der nur noch unter bestimmten Voraussetzungen als lebenswert gilt.

Ich habe in den vergangenen Jahren in vielen Vorträgen immer wieder darauf aufmerksam gemacht, dass, wenn wir uns den augenblicklichen Entwicklungstendenzen nicht entschieden widersetzen, demnächst ein «Verfallsdatum» des Menschen eingeführt wird. Angesichts knapper Rentenkassen, steigender Arbeitslosenzahlen und einer rapiden Verarmung zahlreicher Menschen stellt sich die Frage, zu welchen Zuständen im Gesundheitswesen diese Entwicklungen in den nächsten Jahren führen werden. Zu erwarten ist, dass alte oder kranke Menschen gesellschaftlich diskriminiert werden.

Auf der anderen Seite stehen die jungen, dynamischen Heranwachsenden. Ein heute 20-jähriger Mann mag sich angesichts der Diskussion um Pflegenotstand und würdiges Sterben fragen, was ihn das angehen mag. Der Jugendwahn unserer Gesellschaft, dessen unerträglichen Auswüchsen wir tagtäglich in den Medien ausgesetzt sind, besteht aus der Illusion, ewig jung, schön, reich und am besten noch Superstar zu sein. Und natürlich Party, Sex und Vergnügen ein Leben lang. Diese Visionen vom schönen, sorglosen Leben zerplatzen dann schon daran, dass sich 30-Jährige für alt halten und über 40-Jährige kaum noch beschäftigt werden bei der gleichzeitigen Forderung, dass wir alle bis 67 arbeiten sollen.

Mit der eigentlichen Realität unserer Gesellschaft freilich und angesichts der zu erwartenden Folgen des Zusammenbruchs unserer sozialen Systeme haben Jugendwahnillusionen nichts mehr zu tun. Schon jetzt verschärft sich die Polarisierung der Gesellschaft zwischen Arbeitenden und Arbeitslosen oder Sozialhilfeempfängern, zwischen Jung und Alt, wer auch immer damit gemeint sein mag. Und diese Tendenzen werden dadurch verstärkt, dass ständig Ängste aller Art geschürt werden: durch die schlechte wirtschaftliche Situation, die Angst vor Arbeitslosigkeit, durch den Abbau der Sozialsysteme oder durch permanente Erhöhung der Lebenshaltungskosten. Immer mehr Menschen werden dadurch ins soziale Abseits geschoben. Diese Tendenzen führen dann zu einer Angst vor dem Leben und erst recht vor dem Sterben.

Wir können kein befriedigendes Leben führen, wenn wir ständig unter Druck stehen. Die Illusion, sich gegen alle Wechselfälle des Lebens versichern zu können, ist hinfällig geworden. An ihre Stelle treten Ratlosigkeit und Unsicherheit. Der Wirbel des heutigen Lebens dreht sich immer schneller, wobei stiller Rückzug und die Auseinandersetzung mit dem eigenen Inneren übertönt werden von den unerbittlichen Anforderungen des Alltags. Dabei verlieren wir den Bezug zu unserer inneren Stimme, der Intuition. In der heutigen, schnelllebigen Leistungsgesellschaft bleiben Menschlichkeit und Solidarität auf der Strecke. So ist der Mensch zum Einzelkämpfer geworden.

Die jüngere Generation der Heranwachsenden sollte sich im Besonderen darüber klar sein, dass alle Gesetze, die heute verabschiedet werden, sie morgen selbst betreffen. Wer heute fordert, dass Menschen ab einem bestimmten Alter nicht mehr behandelt werden oder keine Operation mehr bekommen sollen, wird morgen selbst zum Opfcr derartiger Gesetze.

Der Hauptgrund für die soziale Kälte unserer Gesellschaft, die nur noch Vorteile im Eigennutz erblickt, ist eine erschreckende Unkenntnis über die wahre Natur des Menschen. Wir sind geistige Wesen, die sich auf einer relativ kurzen Reise durch die Materie befinden, dann aber in die unkörperliche Welt als bewusste Wesen zurückkehren. Wir sind hier, um Erfahrungen zu machen, die uns seelisch und geistig voranbringen sollen. Dazu gehört das Wissen um die Eigenverantwortung des Menschen.

Abermillionen von Nahtoderfahrungen auf der ganzen Welt sowie zahllose wissenschaftliche Studien haben in eindeutiger Weise bezeugt, dass Bewusstsein unabhängig vom Körper existiert. Die Existenz von Nahtoderfahrungen kann wissenschaftlich nicht länger bestritten werden. Die gravierenden Persönlichkeits-veränderungen von Menschen, die eine Nahtoderfahrung erlebt haben, hängen nicht zuletzt mit dem Erleben der Lebensrück-schau zusammen. Dabei zeigt sich in beeindruckender Weise, weltweit und völlig unabhängig von der jeweiligen Kultur oder Religion, dass wir alle eines Tages der Wahrheit über unser ge-lebtes Leben ins Gesicht schauen werden.

Der Tag wird kommen, an dem wir uns selbst Rechenschaft über unser Leben geben werden: Wir sehen dann das Leben nicht mehr nur aus unserer eigenen Perspektive und wie wir selbst bestimmte Situationen erlebt haben, sondern wir erleben nun auch die Auswirkungen unserer Gedanken, Taten und Worte auf andere Menschen. Auch im Sterbeprozess treten die verdräng-ten und unerledigten Dinge unseres Lebens an die Oberfläche des Bewusstseins. Je mehr wir davon angehäuft haben, desto schwieriger gestaltet sich das Sterben.

Wenn wir dieses Wissen verinnerlichen, kann es uns helfen, die Angst vor dem Sterben und damit auch vor dem Leben los-zulassen. Wir können dann einen geistigen Sinnzusammenhang in unserer Existenz erkennen, der uns hilft, auch in schwierigen Situationen nicht zu verzweifeln.

Nichts geschieht zufällig, und alles hat einen tieferen Sinn, selbst wenn wir diesen über unseren Verstand nicht erkennen können.

Auch wenn ich die grundsätzlichen Inhalte dieses Buches schon in anderen Werken veröffentlicht habe, möchte dieses Buch sozusagen die Essenz des heutigen Wissens über das Ster-ben und was dabei mit uns geschieht zusammenfassen. Einge-streut finden Sie kleine lyrische Texte, die der Vertiefung des Gesagten ebenso dienen sollen wie sie Möglichkeiten bieten, die dargestellten Inhalte zu reflektieren. Wer sich weitergehend über die vielfältigen Erkenntnisse der Sterbeforschung informieren will, sei auf meine bisherigen Bücher verwiesen.

Ich hoffe, dass dieses Buch den Weg in die Herzen vieler Leser findet, die auf der Suche nach dem Geheimnis des Sterbens sind. Möge es vielen helfen, ihre Ängste vor dem Sterben zu verlieren, anderen Beistand zu sein und schon jetzt mit dem Aufräumen von Unerledigtem zu beginnen.

Eine Anmerkung zur Zitierweise: Bei allen Fallbeispielen, die mir persönlich mitgeteilt wurden, sind nur Anführungsstriche gesetzt. Bei der Verwendung anderer Quellen finden Sie die Verweise in den Anmerkungen.

1. Kapitel
Der Mensch und sein Tod

Sterben in der heutigen Gesellschaft

In der modernen Gesellschaft nimmt der Tod eine eigentümliche Doppelrolle ein. Einerseits ist er Dauergast in unseren Wohnstuben: Terroranschläge, Kriege, Naturkatastrophen oder Unfälle konfrontieren uns täglich in jeder Nachrichtensendung mit seiner Gegenwart. Fotos von Verbrannten, Zerstückelten oder Opfern von Gewaltverbrechen «zieren» jede Tageszeitung. Im Fernsehen wird in etlichen Spielfilmen und Serien meistens gewaltsam gestorben.

Im wirklichen Leben, im Alltag des Einzelnen, werden wir andererseits immer weniger mit dem Tod oder dem realen Anblick eines Leichnams konfrontiert. Die Lebenserwartung stieg in den vergangenen 20 Jahren stetig und erheblich an, sodass zahlreiche Menschen häufig erst zwischen 40 und 50 Jahren erstmalig einem Verlust in der Familie gegenüberstehen. Dementsprechend groß ist die Hilflosigkeit im Umgang mit sterbenden Menschen. Daneben wurde der Tod in der westlichen Welt in professionelle Obhut übergeben. Er findet heute zu über 80 Prozent im Krankenhaus, Alten- oder Pflegeheim statt. Gleichzeitig wurde die Auslagerung des Todesortes aus der häuslichen Gemeinschaft verbunden mit der diskreten Entfernung und Entsorgung durch die Bestattungsinstitute. Selbst ein Leichenwagen ist heute nicht unbedingt als solcher erkennbar.

Der Tod gilt heute als Hoffnungszerstörer oder als das

Schlimmste, was uns im Leben widerfahren kann. Da wir dazu neigen, jeden Sterbefall zu bewerten, verstehen wir unter einem *normalen* Tod denjenigen, bei dem ein Angehöriger nach einem langen und erfüllten Leben sanft entschläft. Wir verkennen dabei, dass in der Realität das Sterben aus lang andauernden und schwierigen Prozessen besteht, nicht zuletzt deswegen, weil es durch die Technisierung der Medizin möglich ist, das Leben des Menschen künstlich zu verlängern. Die Vorstellung eines normalen Todes ist insofern eine Illusion, weil es zahlreiche plötzliche und gewaltsame Todesfälle gibt. Kinder sterben ebenso wie Jugendliche und Erwachsene in allen Alterskategorien. Eine Todesstatistik aus dem Jahre 2001 mit insgesamt 828 541 Todesfällen zeigt, dass ungewöhnlich viele Menschen durch plötzlichen, schmerzhaften oder gewaltsamen Tod ums Leben kommen:

- 6044 Totgeburten oder Säuglingstod im ersten Lebensjahr
- 11 156 Suizide
- 40 671 Schlaganfälle
- 65 228 Herzinfarkte
- 207 619 Tumorerkrankungen
- 925 Mord und Totschlag
- 1835 Drogentote[1]

Diese kühle Statistik belegt, dass ein Drittel aller Todesfälle in Deutschland keineswegs friedlicher Natur ist. Die Angehörigen freilich sind meistens auf die Begegnung mit der Vergänglichkeit oder der Erfahrung der Endgültigkeit des Todes nicht vorbereitet. Persönliche oder kollektive Vorbereitungen auf den Tod haben keinen Ort mehr in einem Leben, das fast ganz von diesseitsorientierten Werten dominiert wird. Wenn Familien oder Einzelpersonen mit einem unerwarteten Todesfall konfrontiert werden, stehen sie oft hilflos vor den Folgen. Da sie nicht vorbereitet sind, ist der direkte Umgang mit dem Tod schwierig und leidvoll.

Zudem sind sie erbarmungslos mit der Sinnfrage des eigenen Lebens konfrontiert.

Zahlreiche Hinterbliebene machen dann die schmerzliche Erfahrung, dass Freunde oder andere Familienmitglieder sich weigern, sich mit dem Tod auseinanderzusetzen und unfähig sind, Beistand zu leisten. Der Trauernde wird dadurch oft isoliert. In einer Zeit der gefährlichen Illusion, dass unser Leben immer weitergeht, weil so vieles ersetzbar und käuflich erscheint, haben Tod und Trauer in der Öffentlichkeit keinen Raum.

Bis zur Mitte des 20. Jahrhunderts fand das Sterben größtenteils in der Familie statt. Leben und Tod bildeten noch eine Einheit, und das Sterben eines Angehörigen war ein Teil des Alltagslebens. Wenn ein Mensch sich anschickte, den Weg allen Seins zu gehen, kamen die Verwandten, Freunde und Nachbarn, um Abschied zu nehmen. Man traf sich im Trauerhaus und wohnte dem Augenblick des Todes bei. Die Menschen waren mit den Vorgängen beim Sterben vertraut, und insofern wussten sie von den Visionen und den übersinnlichen Erlebnissen Sterbender. Aus den Mitteilungen der Sterbenden über die andere Welt nahmen sie aus deren direkten Erfahrungen die ruhige Gewissheit eines Weiterlebens nach dem Tod mit in ihren Alltag.

Der Verlust eines Menschen wurde betrauert, doch die Menschen wussten, dass sie ihre Verstorbenen wiedersehen würden. Noch heute wird in einigen ländlichen Regionen so mit dem Sterben umgegangen. Die Menschen starben damals überwiegend zu Hause und wurden dort auch aufgebahrt. Das Leben ging weiter, und zahllose Trauerrituale halfen bei der Bewältigung eines Verlustes, auch wenn er noch so schmerzhaft war.

Das änderte sich, je mehr regionale Krankenhäuser entstanden, wodurch der Tod langsam institutionalisiert wurde. Das Sterben gilt längst nicht mehr als ein natürlicher Prozess, da es überwiegend in Heimen oder Krankenhäusern stattfindet und so dem Blick der Öffentlichkeit entzogen wird, also regelrecht im Verborgenen geschieht. Wir haben den Tod als wesentlichen

Bestandteil unseres Lebens ausgegliedert, so als gäbe es ihn nicht.

Wir wissen weder, wann wir sterben werden, noch kennen wir die Umstände. Jeder Mensch weiß aber mit absoluter Gewissheit, dass er sterben wird. Die Tabuisierung des Themas in der westlichen Gesellschaft aber hat mit Angst und Unwissenheit zu tun. Die Medizin betrachtet den Tod als persönlichen Feind, und er wird als etwas «Böses» abgespalten. Leben und Tod bilden schon lange keine Einheit mehr.

Das Krankenhaus wurde zu einem technischen Reparaturbetrieb, wobei für die medizinischen Spezialisten die einzelnen Organe mehr im Vordergrund stehen denn der Mensch als ganzheitliches Wesen. Für den heutigen Menschen ist es sehr schwierig geworden, das tatsächliche Sterben von Angehörigen überhaupt auszuhalten. Das beschleunigte das Abschieben der Sterbenden in Pflegeheime und Krankenhäuser. Zudem ist das wirkliche Sterben ein langer und zäher Prozess, der sich oft über Jahre hinziehen kann. Die Möglichkeiten der High-Tech-Medizin, selbst in den Sterbeprozess noch einzugreifen, tragen nicht zuletzt zur Würdelosigkeit des Sterbens in der heutigen Gesellschaft bei.

Durch die Überalterung der Gesellschaft werden sich in den nächsten Jahren die sozialen Probleme um ein würdiges Sterben zuspitzen. Ferner werden dank der drastischen Kürzungen im Gesundheits- und Rentenbereich nebst höheren Zuzahlungen viele alte Menschen die anfallenden Kosten nicht mehr bezahlen können. Die Krankenkassen haben das bisher bezahlte Sterbegeld gestrichen, und Angehörige können demnächst für die Pflege von Familienangehörigen finanziell herangezogen werden.

Das wird zu einer Verarmung von bestimmten Bevölkerungsschichten führen. Schon jetzt zeigt sich dieses Problem in der «Entsorgung» von Armen, die auf Staatskosten bestattet werden müssen. Um zu sparen, werden Arme oder Menschen ohne Angehörige in andere Bundesländer, wie beispielsweise Thüringen, oder gar nach Tschechien gebracht, um möglichst kostengünstig verbrannt und dann dort anonym verscharrt zu werden.[2]

Es ist keineswegs zufällig, dass der Nationale Ethikrat das Thema «aktive Sterbehilfe» zurzeit neu diskutiert. Die Frage stellt sich, ob ein Patient ein Recht auf den eigenen, selbstbestimmten Tod hat. Das könnte durch eine schriftliche Patientenverfügung, die eine solche Situation im Voraus regelt, niedergelegt werden. Der Bundesgerichtshof hat am 17. 03. 2003 einen Beschluss gefasst, welcher die Bedeutung von Patientenverfügungen unterstrichen hat. Die Unsicherheit ist jedoch nach wie vor groß, da rund 150 verschiedene Versionen von Patientenverfügungen unterschiedlicher Institutionen existieren. Dadurch stellt sich die Frage, ob die formalen Voraussetzungen zur Gültigkeit dieser Testamente ausreichen.

Im Infobrief des Nationalen Ethikrates vom Dezember 2003 heißt es dazu: «In der Praxis werden Patientenverfügungen häufig ignoriert, weil Ärzte oder Betreuer zu anderen Schlussfolgerungen und Bewertungen kommen. Der BGH hatte zum Beispiel als Voraussetzung genannt, damit eine Patientenverfügung auch wirksam wird, dass die Krankheit einen irreversiblen, tödlichen Verlauf genommen haben muss. Die konkrete Situation ist jedoch selten so eindeutig, wie man mit dem Vorliegen einer Patientenverfügung erwarten könnte. Wie kann ein Arzt verlässlich Todesnähe diagnostizieren? Wann ist eine Krankheit irreversibel, und wann kann eine Zustandsverbesserung erwartet werden?»

Mit diesen und ähnlichen Fragen werden wir uns in den nächsten Jahren eingehend auseinandersetzen müssen, wenn das Sterben nicht endgültig in die Hände von Spezialisten fallen soll und wir somit keine Einflussmöglichkeiten auf einen würdigen Tod mehr haben.

In unserer modernen, hoch technisierten Welt, die sich so grundlegend in den vergangenen Jahren verändert hat, ist das Leben schnelllebiger, oberflächlicher und ichbezogener geworden. Ehemalige Familienstrukturen, die Halt gaben, zerbrechen immer häufiger. Zahlreiche Menschen leben alleine und einsam. Wir leben heute so unabhängig vom Mitmenschen wie nur irgend möglich. Wir haben gelernt, uns um unseren Nächsten möglichst wenig zu kümmern. Häufig kennen wir nicht einmal unseren direkten Nachbarn persönlich. Hinzu kommt, dass wir die Realität einer überalterten Gesellschaft mit der Maske des Jugendwahns übertüncht haben. Alles, was alt und hässlich erscheint, wird aus dem öffentlichen Leben entfernt und diskret in Pflegeheime oder Krankenhäuser abgeschoben. Da wir alles nur Denkbare unternehmen, den eigenen Verfall aufzuhalten, uns in Fitnessstudios stählen, das Fett absaugen oder uns liften lassen, haben wir es hier massiv mit der Verdrängung unserer Vergänglichkeit zu tun. Dahinter steht die Urangst vor dem Sterben.

Wir fürchten uns vor der völligen Abhängigkeit, dem Ausgeliefertsein an fremde Menschen und davor, anonym in einem Pflegeheim vor uns hin zu vegetieren, wo es keinen eigenen Intimbereich mehr gibt. Allerdings gibt es keine Möglichkeit, uns um das Sterben herumzumogeln. Insofern sollten wir uns frühzeitig im Leben mit unserem Sterben auseinandersetzen.

Vergänglichkeit

Viele Menschen glauben heute, dass einzig und allein die kurze Lebensspanne, die wir im menschlichen Körper zubringen, wichtig ist. Deswegen scheut der Mensch die Begegnung mit seiner Vergänglichkeit, obwohl jeder Verlust im Leben uns mit dieser in Berührung bringt.

Alles, was wir erleben, jede Art von Beziehung, ist nur von flüchtiger Dauer. Nichts bleibt ewig. All unsere Ideen, Vorstellungen, Konzepte, Verbindungen und Beziehungen existieren nur in der Zeit und haben deswegen einen Anfang, eine Mitte und ein

Ende. All unsere Handlungen, unser Denken, die Tätigkeiten, die wir ausüben, sowie das Hören und Sehen konfrontieren uns mit der Vergänglichkeit als direkte Erfahrungstatsache. Verluste sind in unserem Leben unvermeidlich. Wenn wir das verinnerlichen, verstehen wir, dass jeder Verlust auch eine Möglichkeit ist, sich im Loslassenkönnen zu üben.

Im Sterbeprozess werden wir mit dem totalen Loslassen konfrontiert. Wir werden alles, absolut alles verlieren. Wer nicht im Leben gelernt hat, loszulassen, wird das Sterben als schmerzhaft empfinden, denn nichts von uns bleibt auf der Erde übrig. Insofern stirbt jeder von uns seinen eigenen Tod in so vielen Facetten und einzigartig, wie unser Leben war. Alles Unterdrückte und Unerledigte kommt in den letzten Tagen vor dem Tod an die Oberfläche des Bewusstseins und erschwert den Sterbeprozess. Es handelt sich dabei um einen harten Selbsterkenntnisprozess, um Selbstvergebung und Akzeptanz des eigenen Lebens. Und das treibt nicht wenige Sterbende buchstäblich in den Wahnsinn. Nicht gelebte Wut oder Sexualität, unterdrückte Aggressionen oder Liebe, können einen Sterbenden in seine eigene Hölle katapultieren. Es gibt Todkranke, die dann in eine psychiatrische Klinik eingewiesen werden müssen. Andere haben über längere Zeiträume unerträgliche Schmerzen zu erdulden oder verwesen bei lebendigem Leib. Mancher kämpft unausgesöhnt und verhärtet bis zum Schluss gegen den sich nahenden Tod. Sterben ist also keineswegs einfach, und wir sollten uns jeder Glorifizierung und Beschönigung enthalten. Es zeigt sich letztlich, dass wir für unser Leben genauso wie für unser Sterben selbst verantwortlich sind.

Indem wir uns das heutige Wissen um den Sterbeprozess frühzeitig aneignen, können wir die Angst davor verlieren. Wir wissen dann, was mit uns geschieht, wenn wir sterben.

Jugendwahn

Als die Jugend
erkannte,
dass sie flüchtig ist,
lehnte sie sich auf
und ahnte nicht,
dass sie im Ozean
des EWIGEN
unbedeutend ist.

Sie kannte nicht
den Sinn ihres Hierseins
im Augenblick
des Hier und Jetzt.
Die Jugend erkannte sich nicht
als ewigen Geist.

Daraus wurde ein Mythos geboren,
der Wahn,
dass nur die Jugend zählt.
Versteht den Sinn:
Nichts bleibt
als die Summe Eurer Gedanken,
Taten, Worte.

Ein schaler Wahn,
jung zu sein,
wenn die Seele friert.
Jugendwahn ist doppelter Wahn
der Ignoranz.
Wir sind vergänglich,
wir werden alt
und sterben.
Reich dem, der stirbt, die Hand.
Jetzt!

2. Kapitel
Grundlegende geistige Aspekte unseres Lebens

Es gibt keinen Tod

Es ist an der Zeit, dass wir nicht länger die Augen verschließen vor der eigentlichen Realität unseres Lebens: Es gibt keinen Tod, da dieser nur ein Übergang ist in eine andere Form des Seins.

Viele Menschen in der heutigen Zeit glauben nicht mehr an ein Leben nach dem Tod. Sie betrachten ihr hiesiges Dasein, das an den Körper gebunden ist, als ihre einzige Wirklichkeit. Insofern messen sie dem Sinn des Lebens nur dann einen Stellenwert zu, solange das Leben im Außen glatt verläuft. Materielles Streben steht ebenso im Vordergrund wie die Konzentration auf körperliche Belange.

Fragt man heutige Menschen danach, was sie sich am meisten vom Leben wünschen, so erhalten wir stets die Antwort: Gesundheit und langes Leben. Befragen wir dieselben Menschen nach ihren Vorstellungen von Sterben und Tod, so ist die häufigste Antwort, dass sie darüber noch nicht nachgedacht haben. Viele bringen zum Ausdruck, dass der Tod irgendwann im hohen Alter nach einem langen, intensiven Leben eintreten soll. Und auch das ist spezifisch für unsere Gegenwart: Der Tod möge möglichst lautlos, schnell und am besten bewusstlos eintreten. Einfach einschlafen und nicht mehr aufwachen ist dabei eine der häufigsten Redewendungen. Deshalb erstaunt es wenig, mit wie viel Angst und Unsicherheit unser Sterbenmüssen betrachtet wird. Wir können im Leben zum Tod stehen, wie wir wollen, und doch bleibt er die fundamentalste Gewissheit unseres Lebens: Wir Menschen sind sterblich.

Wir mögen unsere Lebenszeit verlängern können, doch wir werden dem Tod niemals entgehen können, da er eine Notwendigkeit unserer Existenz ist. Das werden wir nur dann mit allen Konsequenzen für unser Leben wirklich verstehen können, wenn wir begreifen, wer wir sind. Alle Geheimnisse unseres Lebens und Sterbens sind mit dieser Frage verknüpft.

Wir sind geistige Wesen, die sich aus dem einzigen Grund hier auf Erden inkarniert haben, um seelisch und geistig zu wachsen und lieben zu lernen. Wir sind geschaffen als Ebenbild Gottes. Das ist nicht körperlich zu verstehen, sondern die Ebenbildlichkeit bezieht sich auf die Entwicklung unserer Seele, die eines Tages als individuelles Geistwesen in die Schöpferkraft zurückkehren wird. Insofern befindet sich die gesamte Menschheit in einer stetigen Bewusstseinsentwicklung. Wir alle sind Teil eines großen Ganzen und werden einst in der Ewigkeit untrennbar mit Gott verbunden und in Gott eins sein. Diese Einswerdung ist Sinn und Zweck aller Entwicklung.

Wer sich über diesen geistigen Gesamtzusammenhang seines Lebens klar ist, verliert die Angst vor dem Tod. Die Gewissheit, Teil eines großen Ganzen zu sein, in dem jeder Einzelne eingebettet ist, führt zu einer Gelassenheit, da allem Sein ein spezifischer Sinn innewohnt. Im Inneren wissen wir dann, dass wir uns vor den Wechselfällen des Lebens nicht zu fürchten brauchen, da wir eigentlich immer geborgen sind. Die Schwierigkeiten und Probleme unseres Lebens relativieren sich, da Zeit und Raum nur Begrenzungen des irdischen Daseins sind. Wir leben für eine kurze Zeitspanne hier auf Erden, um dann in die Gefilde des Jenseits, der eigentlichen Heimat unserer Seele, zurückzukehren.

Die Bedeutung von Lebenskrisen

Das Leben führt uns immer wieder in Grenzsituationen, in denen wir durch Schicksalsschläge, Verluste aller Art oder Trennungen in Krisen hineingeschleudert werden. Lebenskrisen sind unvermeidbar. Es gibt keine Sicherheit gegen die Wechselfälle des Lebens. Krisen sind eine Notwendigkeit, in denen sich Not buchstäblich zu einer Chance wenden kann. Sie markieren stets die Wendepunkte in unserem Leben. Altes wird zurückgelassen und Neues tut sich auf. Das ist der beständige Wandel in unserer menschlichen Existenz, dem wir alle unterworfen sind, ob es uns passt oder nicht.

Es gibt kein Leben ohne Krise, es sei denn, dass wir sie verdrängen oder Fragen überhaupt nicht mehr zulassen. Viele Menschen bemühen sich darum, nur Schein und Fassade aufrechtzuerhalten. Ohne Fragen an das Leben sind wir antwortlos geworden. Und das bedeutet: Verantwortungslosigkeit. Wahres Wachstum führt durch Lebenskrisen, die ein Prozess sind, der den Menschen wachsen lässt. Es kommt zu einer Neuorientierung und zu einer Mobilisierung seelischer Kräfte, von denen wir vorher gar nicht angenommen haben, dass wir überhaupt über sie verfügen.

Im Grunde lösen wir eine Krise dann selbst aus, wenn bestimmte Möglichkeiten des Lebens uns unzufrieden werden lassen, wir in unserem Alltag festgefahren sind und uns damit selbst blockieren. Wir werden im Außen erschüttert durch ein Ereignis – den Tod eines geliebten Menschen, eine schwere Krankheit, den Verlust des Arbeitsplatzes und so weiter –, welches uns in den Grundfesten erschüttert. Wir wissen plötzlich, dass sich unser Leben verändern muss. Das einstige Gerüst unseres bisherigen Lebens bricht wie ein Kartenhaus zusammen. Nicht selten fühlen wir uns als Opfer. Nun stehen die großen Lebensfragen plötzlich vor uns: «Wer bin ich?» – «Wo geht mein Leben nun hin?» – «Was soll ich tun?»

Irrtümlicherweise halten wir große Lebenskrisen oft für ein unvermeidliches Schicksal. Wir selbst sind es, welche die feinen Fäden unseres Schicksals weben durch die Summe unserer Gedanken, Taten und Worte.

Wir sind hier auf Erden, um uns zu entwickeln. Jeder von uns hat eine spezifische Lebensaufgabe, selbst wenn er sich dieser nicht bewusst ist. Durch den Ort und die Zeit unserer Geburt werden wir kollektiv in ein bestimmtes Umfeld geboren. Wir sind dann Teil einer bestimmten Nation mit einer entsprechenden Kultur. Insofern sind wir durch eine bestimmte Hautfarbe, durch unser Geschlecht und einem spezifischen Zeitgeschehen geprägt. Wir werden von anderen Menschen beeinflusst, deren Wirkungen wir uns nicht entziehen können. Eltern, Lehrer, Geschwister, Freunde, Kollegen und die Gesellschaft, in der wir leben, tragen zur Prägung unserer Persönlichkeitsentwicklung bei. Diese Einflüsse auf unser Schicksal können wir nur bedingt verändern. Es ist unsere persönliche Haltung zu einem entsprechenden Umfeld, die darüber entscheidet, welche Kräfte oder Energien von außen einen Einfluss auf uns ausüben können. Wir selbst entscheiden also darüber, ob wir das Helle im Leben anziehen oder das Dunkle. Beides strahlt aus unserem Inneren nach außen.

Wir können einen verändernden Einfluss auf unser Lebensschicksal durch die persönliche Haltung und unsere bewusst verantworteten Entscheidungen übernehmen. Die Frage nach dem Schicksal und wer wir als Mensch wirklich sind, ist also immer mit der Eigenverantwortung verknüpft. Jeder von uns ist zunächst einmal für sein eigenes Leben verantwortlich. Insofern wird keiner von uns von einer Lebenskrise verschont bleiben. Wir können unser Leben lang bestimmte Verantwortlichkeiten leugnen oder verdrängen. Spätestens im Sterbeprozess jedoch werden wir der eigenen Wahrheit ungeschminkt ins Gesicht sehen müssen, und die Frage, wer wir sind, stellt sich unverhohlen und mit Macht.

Jede Krise mündet ebenfalls in diese entscheidende Frage. Wir können uns nur dann weiterentwickeln, wenn wir uns über die eigentliche Natur des menschlichen Lebens Klarheit verschafft haben.

Das Wesen des Spirituellen

Spiritualität bedeutet das Ergriffensein und In-Kontakt-Kommen mit einer Kraft außerhalb von uns selbst. In einer geistigen Erfahrung haben wir Verbindung mit dem Geist Gottes, der sich hinter allem Sein befindet. Jeder von uns kann diese Erfahrung machen, da wir alle Teil eines größeren Ganzen sind. Spiritualität ist tief in jedem Menschen in seinem ureigensten Inneren angelegt. Je mehr wir in die Stille eingehen und nach innen schauen, umso tiefer ist die Begegnung mit dem göttlichen Funken in uns. Die Suche nach Geistigkeit, die wir heute als spirituellen Aufbruch bezeichnen, führt zu einem Ort des Friedens und der Sicherheit, nach dem wir im Getöse des Alltagslebens so oft vergeblich suchen.

Viele Menschen erleben eine spirituelle Erfahrung als Grenzverschiebung. Die Begrenzungen des Körpers heben sich auf. Für kurze Zeit sind wir berührt und erschüttert, weil sich der Vorhang öffnet, hinter welchem ein anderes, unermessliches Sein zum Vorschein kommt. Wir treten ein in eine Erfahrung des Absoluten. Die Sehnsucht nach Wissen und die tiefe Suche danach vermögen es, den Schleier des oberflächlichen Lebens zu zerreißen. Ein solches Erleben ist nicht erzwingbar und lässt sich nicht beliebig herstellen. Es entsteht im eigenen Inneren, wenn wir authentisch sind, und ist gleichzeitig ein Akt der Gnade. Dazu ein Beispiel:

«... irgendwann begann sich dieser Nebel langsam aufzulösen, und ich wurde in diese ungeheure Welle von Licht und Liebe aufgenommen, die mich ganz erfüllte, mein Herz fühlte sich an, als ob es den ganzen Raum erfüllte, eine tiefe Dankbarkeit kam in mir auf und immer wieder Worte in das Licht gerichtet: ‹Ich bin bereit.› Und: ‹Nimm mich.›

Anfangs waren diese Worte noch von etwas Scham und Angst begleitet, aber dieses Licht ließ alle diese Gefühle dahinschmelzen, wie Eis in der Sonne, und es war, als ob ich auf diesen Worten immer tiefer in dieses Licht hineinreiten würde ...»[3]

Wenn wir uns dem Ewigen anvertrauen mit unseren Sorgen und Nöten und für das Wirken des Geistes offen sind, gibt es für das Erleben von Spiritualität kaum Worte. Derartige Erfahrungen haben eine enorme Wirkung: Sie führen den Menschen näher zu sich und zu seinem eigentlichen, ursprünglichen Sein. Durch die Berührung mit dem Heiligen kann Heilsein jenseits des Alltäglichen erfahren werden. Der Einzelne wird vom Ganzen ergriffen und dadurch im Hier und Jetzt des Augenblicks ein Teil der Ewigkeit.

Jeder von uns trägt die Ursehnsucht nach Ganzheit, nach dem Göttlichen in sich, selbst wenn wir diese nicht bewusst wahrnehmen oder sie gar verleugnen. Spiritualität ist also im eigentlichen Sinn eine innere Wandlung, die wir allerdings zulassen müssen. Sie ist ein nicht erzwingbares Offenbarungsgeschehen, das aber nur dann angenommen wird, wenn ein Mensch dafür bereit ist. Eine solche Erfahrung bricht oft ungefragt in unser Innerstes ein. Wir werden direkt mit Gottes Wirken und seiner Gegenwart in Verbindung gebracht. Es ist eine uns selbst übersteigende Erfahrung, die durch Bewusstseinserweiterung erlebt wird.

Häufige Worte, die gewählt werden in der Umschreibung eines geistigen Erlebens, sind: «Ein Licht, das mich erfüllt.» – «Ich tauchte in eine Atmosphäre unendlicher und doch gegenstandsloser Liebe ein.» «Es war ein Raum, der mein Sein umschloss.»

Die Erfahrung der Nähe Gottes setzt die Bereitschaft voraus, sich wirklich darauf einzulassen. Insofern wird eine wirkliche Gotteserfahrung eine innere Wandlung des Betroffenen herbeiführen, wodurch jegliche Angst losgelassen werden kann. Gerade im Sterben kann dies besonders häufig beobachtet werden. Wer einen spirituellen Durchbruch erlebt, empfindet Freiheit, Erleichterung und Liebe.

Vertrauen

Der Tod ist eine Illusion.
Wenn wir nicht erkennen,
wer wir sind,
woher wir kommen,
wohin wir gehen,
ist das der Tod im Leben.

Unsere Existenz ist unbegrenzt,
doch im Getöse und der Hektik
des materiellen Alltags
verloren sich unsere Erinnerungen
im Dunkel des Nichtbewussten.

Licht vertreibt die Dunkelheit,
wenn wir die Angst durchschreiten
und erkennen:
GOTT ist.

Gegen die Ungnade der Furcht
setzt sich Vertrauen,
das innere Wissen erblüht:
Es gibt keinen Tod!
Wovor haben wir noch Angst,
wenn wir vertrauen?

3. Kapitel
Die Bedeutung der Nahtoderfahrung
für unser Leben und Sterben

Historische Quellen

Die Existenz und Bedeutung von Nahtoderfahrungen kann heute wissenschaftlich nicht mehr wegdiskutiert werden. Nahtoderfahrungen sind ein weltweites, universales Erleben und völlig unabhängig von der jeweiligen Kultur oder Religion. Sie beinhalten einen bestimmten Kode, der sich zu allen Zeiten und in allen Kulturen auffinden lässt. Daher wissen wir heute mehr als jemals zuvor in der Geschichte der Menschheit darüber, was mit uns geschieht, wenn wir sterben.

In der ältesten literarischen Überlieferung der Welt, dem Gilgamesch-Epos, ist schon von Tunnel und Licht die Rede. Ebenso werden die dunkleren Bereiche der jenseitigen Welt beschrieben. In der Bibel finden wir im zweiten Korinther-Brief die außerkörperliche Erfahrung des Apostels Paulus beschrieben. Die Mystiker sprechen in ihren Schriften immer wieder vom hellen, klaren Licht, wie es auch im Tibetischen Totenbuch aus dem 8. Jahrhundert beschrieben wird: «... dann leuchtet ein helles, strahlendes Weiß aus dem Herzen Gottes».

Nahtoderfahrungen existieren im Schrifttum aus allen kulturgeschichtlichen Epochen vom Anbeginn der Welt bis heute. Der niederländische Maler Hieronymus Bosch (1450–1516) schuf auf vier Altarbildern mit Jenseitsdarstellungen ein mustergültiges Abbild vom Aufstieg oder Fall der Seele nach dem Tod. Die Erlösten werfen die letzten Reste ihrer Körperlichkeit ab und schweben durch einen Tunnel auf ein großes Licht zu, das über ihnen aus der Finsternis bricht. Dieses Licht am Ende des Tunnels wurde zum Inbegriff des Übergangs in die andere Welt. Das Licht leuchtet bei Bosch, es bringt Zuversicht und Freude und lässt jede Angst verschwinden.

Die Ähnlichkeit des Erlebens zeigt über die Jahrtausende, dass der Tod keineswegs die Auslöschung des Menschen bedeutet, sondern ein Übergang ist in eine andere Form des Seins.

Dank der Möglichkeiten der heutigen Intensivmedizin konnten in den vergangenen 20 Jahren Millionen von Menschen von der Schwelle des Todes zurückgeholt werden. Die Anzahl von Todesnäheerfahrungen nimmt also ständig zu. Unter einer Nahtoderfahrung (NTE) verstehen wir heute die außerkörperlichen Reisen der Seele während des klinischen Todes. Weltweit kann mindestens von 50 Millionen Menschen ausgegangen werden, die solche Erfahrungen gemacht haben. Eine Studie der Universität Konstanz belegte Ende 1999 für Deutschland einen Anteil von circa 3,5 Millionen Menschen mit Nahtoderfahrungen. Die Frage stellt sich, welche Bedeutung diese Erlebnisse für unser Leben haben.

Wissenschaftler aller Disziplinen haben in den vergangenen 30 Jahren weltweit und unabhängig voneinander die ursprünglichen Befunde bestätigt und erweitert: So wurde beispielsweise die Existenz der außerkörperlichen Erfahrung in Hunderttausenden von Fällen verifiziert. Studien mit Blinden zeigten, dass diese während ihrer Erlebnisse an der Schwelle zum Tod sehen konnten. Auch die Sterbeerfahrung von Kindern wurde untersucht und dokumentiert, wobei sich diese nicht im Geringsten von den Erlebnissen Erwachsener unterschieden. Andere befassten sich mit den Persönlichkeitsveränderungen von Menschen nach einer Nahtoderfahrung, und selbst negative Höllenerlebnisse wurden zum Gegenstand wissenschaftlicher Forschung.

Die neuesten Erkenntnisse stammen aus Holland und England. Kardiologen haben über einen Zeitraum von zehn Jahren zahlreiche Patienten direkt nach einer Reanimation befragt. Das ist ein völlig neuer Forschungsansatz, der erstmalig in Europa praktiziert wurde. Die Ergebnisse des holländischen Kardiologen Pim van Lommel wurden dann Anfang 2002 in der angesehenen medizinischen Fachzeitschrift «The Lancet» publiziert.

Die Wissenschaftler belegten durch ihre Studie, dass weder Sauerstoffmangel noch Endorphinausschüttung oder sonstige physische Ursachen für eine Nahtoderfahrung verantwortlich waren. Das eigentlich weltweit Aufsehenerregende war die Erklärung der Forscher, dass Bewusstsein unabhängig vom Körper existiert. Das steht konträr zur heutigen naturwissenschaftlichen Vorstellung, dass Bewusstsein ein Produkt des Gehirns ist. Wenn aber Bewusstsein nicht auf den Körper beschränkt ist, existiert ebenfalls die menschliche Seele. Seither werden die Thesen des Forschungsteams kontrovers auf der ganzen Welt diskutiert.[4]

Erstmalig wurden auch die Persönlichkeitsveränderungen von Menschen nach einer Nahtoderfahrung erfasst. Die betroffenen Patienten wurden zwei beziehungsweise acht Jahre später erneut befragt. Die Forscher stellten fest, dass es etwa sieben Jahre dauert, bis ein solches Erleben in die Persönlichkeit eines Menschen integriert ist. Letztlich ergibt sich aus all den zahllosen Studien der vergangenen Jahrzehnte die grundlegende Frage nach der Bedeutung der Nahtoderfahrung für unser Leben und Sterben.

Der Kode der Nahtoderfahrung

Die internationalen Ergebnisse der Sterbeforschung belegen die Existenz bestimmter Merkmale, die beim Tod des Menschen beziehungsweise in Todesnähe erlebt werden. Es handelt sich also um einen universalen Kode, dem wir entnehmen können, was mit uns geschieht, wenn wir sterben. Genau dieses Erleben spiegelt sich im Sterbeprozess des Menschen wider. Bevor ich nun die einzelnen Merkmale der Nahtoderfahrung erläutere, hierzu ein prototypisches Beispiel, welches mir in einem Seminar berichtet wurde:

«Der 25-jährige Axel erlitt einen Magendurchbruch und musste notoperiert werden. Während der Operation sank sein Blutdruck, und das Herz setzte aus. Die Ärzte versuchten, ihn zu reanimieren. Genau zu dieser Zeit nahm sich Axel plötzlich über dem Operationstisch schwebend wahr. Er sah die Bemühungen der Ärzte um sein Leben, aber er fühlte sich befreit und schmerzfrei. Er schwebte ins Wartezimmer und sah, wie eine Krankenschwester seine Mutter zu beruhigen versuchte. Er wollte sie trösten und ihr mitteilen, dass es ihm gut geht. Doch sie bemerkte ihn nicht. Dann sah er das Krankenhaus davonfliegen, und Axel befand sich in einer dunklen Röhre, an dessen Ende er ein Licht bemerkte. Er sah auch andere Wesen um sich herum. Am Ende des Tunnels flog er auf ein wunderbares, angenehm helles Licht zu. Axel empfand dieses Licht als ein liebevolles, lebendiges Wesen. ‹Bin ich bei Gott?›, fragte er sich erstaunt. So eine Liebe hatte er noch nie gespürt. Das Lichtwesen antwortete, dass es ein Bote der Liebe Gottes sei. Durch dieses Licht gingen alle Menschen beim Sterben hindurch. Da bemerkte Axel Bruchteile seines Lebens an ihm vorüberziehen, vorwärts von der Geburt bis zu seinem klinischen Tod. Alle Handlungen seines Lebens wurden ihm mit ihren Auswirkungen auf andere Menschen vor Augen geführt. Doch dann deutete ihm das Licht, dass er zurückkehren müsse, da er noch Aufgaben zu erfüllen habe. Axel kam auf der Intensivstation wieder zu sich und spürte die Schmerzen seiner Operation.»

Dieses Beispiel von Axel hat einen exemplarischen Charakter. Es enthält sämtliche relevanten Merkmale des Kodes der Nahtoderfahrung. Im Folgenden möchte ich die Elemente des Wissens der Todesnäheerfahrung zusammenhängend erläutern. Wir werden diesen Merkmalen im Sterbeprozess wiederbegegnen.

Erste Stufe

Die meisten Erlebenden berichten zunächst davon, dass sie wussten, dass sie gestorben sind. Sie empfinden *Frieden und Schmerzfreiheit.* Heute gibt es viele Krebskranke im Finalstadium, die auf den Palliativstationen der Krankenhäuser oder in Hospizen schmerztherapeutisch behandelt werden. Zahlreiche Betroffene haben im Verlauf von oft jahrelangen Erkrankungen auch Nahtoderfahrungen erlebt. Pflegepersonal und Ärzte sind also zunehmend mit derartigen Erlebnissen ihrer Patienten konfrontiert, sodass sich ihre Existenz nicht länger verleugnen lässt. Dabei gibt es unabhängige Befragungen von Krebskranken, die immer wieder bestätigen, dass selbst der unerträglichste Schmerz endet, sobald der Körper verlassen wird. Schmerz ist also ein biologischer Faktor und hat nichts mit einem Leben nach dem Tod zu tun. Erst wenn der Patient in seinen Körper zurückkehrt, setzt der körperliche Schmerz wieder ein.

Eine schwer krebskranke Frau berichtete mir: «Bei meiner letzten Operation wurden mein gesamter Magen und Teile der Speiseröhre entfernt. Die Ärzte sagten später, dass es während der siebenstündigen Operation zum Herzstillstand gekommen war. Vor dem Eingriff ging es mir sehr schlecht, und ich wusste vor Schmerzen nicht mehr, was ich machen sollte. Ich weiß noch genau, dass ich mich während der Operation plötzlich an der Decke schwebend wahrnahm. Ich fühlte mich leicht, voll Frieden und Glück. Sämtlicher Schmerz war in diesem Augenblick verschwunden. Erst als ich später auf der Intensivstation wieder erwachte, spürte ich die Schmerzen. Ich kann Ihnen aus eigener Erfahrung sagen, dass der Schmerz endet, sobald der Körper verlassen wird.»

Zweite Stufe

Eines der wesentlichsten und wichtigsten Merkmale des Nahtod-kodes ist die *außerkörperliche Erfahrung*. Diese Menschen, die sich eigentlich zum Zeitpunkt ihres klinischen Todes an einem ganz bestimmten Ort befinden, berichten immer wieder von er-staunlichen Erlebnissen anderenorts eben zu diesem Zeitpunkt. Spezifische Beobachtungen oder Erlebnisse während des klini-schen Todes sind durch Befragungen beteiligter Personen verifi-zierbar und wurden eindeutig in zahlreichen wissenschaftlichen Studien der Sterbeforschung nachgewiesen. Da aber diese Art von übersinnlicher Wahrnehmung genauso wenig wissenschaft-lich erklärbar ist wie das Phänomen des menschlichen Bewusst-seins an sich, scheiden sich an diesem Punkt die Geister und ihre jeweiligen Interpretationen: Für die einen handelt es sich um Restwahrnehmungen der Sinne oder um Halluzinationen, für die anderen schlicht um beweisbare Erlebnisse während eines kli-nischen Todes.

Das eigentlich Erstaunliche an den außerkörperlichen Erfah-rungen ist, dass sich diese Menschen zu einem Zeitpunkt, da sie bewusstlos und bewegungsunfähig sind, an Orten aufhalten können, die teilweise weit entfernt sind. Nach herkömmlicher medizinischer Definition dürften sie weder über Bewusstsein noch Selbstbewusstsein verfügen. Beim klinischen Tod wird davon ausgegangen, dass unser Gehirn während einer Nahtod-erfahrung nicht länger funktionsfähig ist. Genau dann aber geht das Bewusstsein unabhängig vom Körper auf Reisen.

Ein Mann erzählte mir am Telefon: «Bei einer schweren Herz-operation schwebte ich plötzlich an der Decke des Operations-saales. Ich sah dabei zu, wie die Ärzte mich reanimierten. Dann erweiterte sich mein Bewusstsein, und ich befand mich außerhalb des Krankenhauses auf einer sehr belebten Straße. Ich beobach-tete, wie ein Auto auf einen anderen Wagen auffuhr. Dann setzte es plötzlich zurück und verschwand: Fahrerflucht. Ganz deutlich konnte ich das Nummernschild erkennen. Dann merkte ich, wie ich in meinen Körper zurückgezogen wurde. Ich sah dabei auch das kleine feinstoffliche Band, das mich mit dem Körper verband. Als ich nach der Operation erwachte, erinnerte ich mich an den Unfall. Ich erzählte der Schwester, was ich beobachtet hatte. Sie schaute mich ungläubig an, informierte aber dann doch die Polizei. Es stellte sich heraus, dass ich tatsächlich das Nummernschild des flüchtigen Fahrers erkannt hatte!»

Die zahllosen Berichte zeigen, dass der Geist mit einer eigenen Ich-Identität und Selbstbewusstsein ausgestattet ist. Zunächst hält sich die Seele am Unfallort oder im Krankenhaus auf, doch dann erweitert sich das Bewusstsein dergestalt, dass nun auch andere Räume oder Straßen, die weit entfernt sind, erfasst werden.

Das Ich-Bewusstsein eines Menschen kann sich auch im außerkörperlichen Zustand überall dort aufhalten, woran der Betroffene denkt. Wenn die Mutter eines Patienten sich beispielsweise zu einem Urlaub in Amerika aufhält, kann es sein, dass später genaue Angaben darüber gemacht werden können, was die Mutter zu exakt diesem Zeitpunkt getan hat. All die Erlebnisse sind in den vergangenen 30 Jahren hunderttausendfach auf der ganzen Welt verifiziert worden. So erstaunt es wenig, dass die holländische Studie eindeutig zu der Schlussfolgerung gelangt, dass Bewusstsein unabhängig vom Körper existiert.[5]

Dritte Stufe

Die sich nun einstellenden Erlebnisse sind allesamt Ausdruck einer rapiden Erweiterung des Bewusstseins. Wenn sich bei der außerkörperlichen Erfahrung der Geist noch überwiegend in der physischen Welt befindet, so verändert und erweitert sich das Bewusstsein bei der nun einsetzenden *Tunnelerfahrung* dergestalt, dass die erlebende Person imstande ist, die jenseitige Wirklichkeit zu schauen. Es kommt also zu übersinnlichen Wahrnehmungen der feinstofflichen Welt.

«Als Erstes – es ging alles unglaublich schnell – jagte ich mit Supergeschwindigkeit durch ein finsteres, schwarzes Vakuum.

Man könnte es wohl mit einem Tunnel vergleichen, nehme ich an. Es kam mir vor wie auf dem Jahrmarkt Achterbahn fahren, so mit enormer Geschwindigkeit durch diesen Tunnel zu fegen.»[6]

Schon jetzt kann es zu einer Begegnung mit verstorbenen Angehörigen kommen. Es werden Engel oder Lichtwesen beschrieben oder paradiesische Landschaften wahrgenommen. Am Ende der Dunkelheit oder Leere, wie dieser Zustand auch beschrieben wird, taucht nun ein helles, angenehmes Licht auf.

Simone berichtet: «Ich befand mich in einem schwarzen Tunnel, der sich wie eine Spirale auf ein Licht hinbewegte. Das war das schönste und klarste Licht, das ich je gesehen hatte! Es vermittelte mir ein tiefes Gefühl von Angenommensein und Geborgenheit, wie ich es noch nie in meinem Leben gespürt habe. Das Licht symbolisierte für mich alles, was man sich im Leben nur wünschen kann. In diesem Licht sah ich eine Frau, die mich freudig begrüßte. Dann aber schickte sie mich zurück. Als ich später meiner Mutter davon berichtete und ihr die Frau beschrieb, erkannte sie meine Großmutter, die schon vor meiner Geburt gestorben war.»

Vierte Stufe

Das *Licht* gilt als das transformierende Element eines Todesnäheerlebnisses. Es wird als die größte vorstellbare Liebe beschrieben, als Nachhausekommen, als Heimat.

Bei den Erlebenden werden Gefühle höchster Seligkeit ausgelöst. Wenn sich die Betroffenen gar mit dem Licht verschmelzen, kann es zu tiefen mystischen Erfahrungen kommen, wobei kosmisches Verbundensein mit allen Dingen oder allem Wissen aller Zeiten berichtet werden (Einheitserfahrungen).

«Nun schaute ich wie gebannt auf das Licht. Es war am ehesten wie eine helle Sonne, aber es war strahlend weiß und blendete trotzdem nicht. Es war einfach ganz vollkommen. Ich lag und schaute nur noch auf das Licht. Es war unbeschreiblich schön.

Langsam streckte ich meine Hände dem Licht entgegen. Das Licht war lauter Liebe. Ich wünschte, von dem Licht aufgenommen zu werden. Ich wusste auf einmal, dass dann all meine Unrast, mein Wünschen und Suchen ein Ende hätte, dass ich Anteil an einer großen Weisheit hätte und den Sinn hinter allem Leiden und dem Weltverlauf verstehen könnte.»[7]

Ein anderer Betroffener berichtet von einem Ort des Wissens: «... diese Kathedrale bestand buchstäblich aus Wissen. Ich war am Ort des Lernens. Ich konnte es spüren, ich wurde geradezu bombardiert mit Daten. Von allen Seiten stürzten Informationen auf mich ein – als hätte ich den Kopf in fließendes Wasser getaucht und jeder Wassertropfen war eine Information, die an meinem Kopf vorbeifloss.»[8]

Wir alle werden eines Tages in und durch dieses Licht gehen. Das Lichtwesen ist ein Vermittler der Liebe Gottes, nicht aber Gott selbst. Eine dermaßen hohe Energie würde keiner von uns unmittelbar ertragen können.

Fünfte Stufe

In der Gegenwart des Liebeswesens schauen wir dann unserer eigenen Wahrheit zum ersten Mal ungeschminkt ins Gesicht: Die nun einsetzende *Lebensrückschau* konfrontiert uns nicht nur aus der Perspektive mit unserem Leben, wie wir es selbst erfahren haben, sondern beinhaltet auch die Auswirkungen unserer Gedanken, Taten und Worte auf andere. Wir spüren nun auch den Schmerz, den wir anderen zugefügt haben. Der Maßstab dabei ist Liebe: Haben wir Liebe gegeben oder zurückgehalten? Es zeigt sich, dass wir während einer solchen Lebensrückschau auch mit den Erinnerungen, Gefühlen und dem Bewusstsein anderer Menschen verbunden sind. Nichts geht verloren, da offenbar alles Bewusste und Unbewusste in Energiefeldern der geistigen Welt gespeichert ist.

«Jedes einzelne Ereignis der 22 Jahre meines Lebens wurde mir gezeigt, und zwar in einer Art augenblicklichem, dreidimensionalem panoramischem Rückblick. Die Helligkeit zeigte mir jede Sekunde all dieser Jahre in hervorragendem Detail und in anscheinend einem einzigen Augenblick. Mein ganzes Leben war da, jeder einzelne Augenblick. Jeder Mensch und alles, was ich je gesehen hatte, und alles, was je geschehen war, war da. Dann sah ich mein ganzes Leben von Anfang bis Ende, sogar all die Kleinigkeiten, die man im Lauf der Zeit vergisst. Ich besaß ein totales und klares Wissen von allem, was je in meinem Leben geschehen war ... Jedes einzelne Gefühl, all meine glücklichen Zeiten, die traurigen Zeiten, jeder Zorn, die Liebe, die Versöhnung – alles war da. Nichts war weggelassen.»[9]

Für andere kann der Rückblick auf das vergangene Leben auch schockierend sein. Sie fühlen sich hilflos und bedrückt, und doch gibt die Liebe des Lichtwesens den Betroffenen innerlich den Mut, die eigene Wahrheit zu ertragen.

«Bei mir überwog das Gefühl, dass der gesamte Lebensüberblick emotional gesehen destruktiv gewesen wäre ... wenn ich nicht während des Betrachtens die Liebe meines Freundes (dem Lichtwesen) und seiner Freunde erfahren hätte. Ich konnte diese Liebe fühlen. Jedes Mal, wenn ich die Fassung verlor, schalteten sie das Bild kurz ab und umhegten mich.»[10]

Sechste Stufe

Die meisten Nahtoderlebenden kehren nicht unbedingt freiwillig in ihren Körper zurück. Viele berichten davon, durch eine Art Befehl in ihren Körper zurückkatapultiert worden zu sein: «Du musst zurückkehren. Es gibt etwas sehr Wichtiges, das du zu tun hast.» Oder: «Geh zurück. Deine Arbeit auf Erden ist noch nicht beendet.» Solche und ähnliche Formulierungen finden sich in zahllosen Erfahrungsberichten. Das Für und Wider einer solchen Entscheidung zeigt sich im folgenden Beispiel:

«Als ich mich dem Licht näherte, sprach ich zu mir selbst. Ich sagte: ‹Meinst du nicht, du solltest zurückgehen und für deine Kinder sorgen?› Ich erinnere mich, dass ich nein sagte. Ich liebe meine Kinder, und ich liebte sie auch jetzt von oben. Aber es war eine andere Art von Liebe. Das Für und Wider in meinem Kopf ging weiter. Ich weiß nicht, wie lange es dauerte, alles was ich heute weiß, ist, dass ich dachte, ja, ich sollte zurückgehen. Doch es war meine Entscheidung. Ich wusste, ich musste zurück. Ich entschied mich unwillig, ehrlich gesagt.»[11]

Wenn der Seelenreisende mit seiner Lebensrückschau konfrontiert wird, kann die Entscheidung zur Rückkehr eben daraus resultieren. Indem wir unser Leben selbst bewerten, werden wir gleichzeitig an die wichtigsten Bindungen unseres Lebens erinnert. Der Wunsch oder auch der Befehl zum Weiterleben wird also entweder durch familiäre Bindungen oder unerledigte Geschäfte bestimmt. Andere haben das Gefühl, hier noch eine bestimmte Aufgabe erfüllen zu müssen. Die Entdeckung, dass das Leben nach dem Tod weitergeht und dass wir nicht von einer strafenden Instanz verurteilt werden, beflügelt manche Betroffene, ebendiese Botschaft weitergeben zu wollen. Was häufig beschrieben wird, ist eine Grenze, die nicht überschritten werden darf, da sonst eine Rückkehr in den Körper nicht mehr möglich ist. Die Grenze wird durch Mauern, Zäune, Flüsse oder Seen, Berge, Türen, Pforten und Ähnliches visualisiert. Andere sprechen von Geistwesen, die sie davon abhalten, ins Licht einzutauchen. Manchmal haben auch verstorbene Familienangehörige die Aufgabe, den Erlebenden ins Leben zurückzuschicken. Die Familie erscheint zwar, doch nur um sogleich wieder fortzugehen und Abschiedsworte auszusprechen.

«Meine Großmutter sah über ihre Schulter und sagte: ‹Wir werden dich später wiedersehen. Diesmal ist es noch zu früh.›»[12]

Für viele Erlebende besteht die Möglichkeit der freien Wahl: «Ich unterhielt mich mit meinen Großeltern, aber ich sprach nicht dabei. Ich erinnere mich auch nicht, etwas gedacht zu haben, aber ich war direkt bei ihnen, als sie redeten. Und was haben sie gesagt? Dass ich fast alle meine Probleme gelöst hätte und jetzt in die Richtung gehen könne, in die ich wolle. Das hieß, ich konnte entweder bei ihnen im Licht bleiben oder wieder in meinen Körper zurückkehren. Das liege bei mir, und ich müsse nicht unbedingt bei ihnen bleiben.»[13]

Unmittelbar nachdem die Entscheidung getroffen wurde, geschieht die Rückkehr in einem einzigen Augenblick. Der Wiedereintritt in das normale Bewusstsein oder den Körper erfolgt abrupt. Andere Berichte nehmen das Geburtsbild auf und beschreiben, dass sie in hoher Geschwindigkeit durch den Tunnel oder die Dunkelheit in den Körper zurückgepresst wurden. Wenn die Betroffenen dann in ihrem Körper erwachen, setzen auch die Schmerzen wieder ein.

Koma

Bemerkenswert sind die Aussagen über die widerwillige Rückkehr in den Körper auch in Bezug auf die Komapatienten. Der bekannte amerikanische Rückführungstherapeut Brian Weiss schreibt: «Menschen, die im Koma liegen, befinden sich in einem Zustand der Aufhebung. Sie sind noch nicht bereit, in die andere Ebene einzugehen, bis sie entschieden haben, ob sie gehen wollen oder nicht. Nur sie können das entscheiden. Wenn sie das Gefühl haben, sie hätten nichts mehr zu lernen im physischen Zustand, erlaubt man ihnen, den Übertritt zu vollziehen. Doch falls sie noch mehr zu lernen haben, müssen sie zurückkommen, sogar wenn sie nicht wollen. Das ist eine Ruheperiode für sie, in der ihre geistigen Kräfte sich erholen können.»[14]

Demnach können auch Menschen im Koma selbst entscheiden, ob sie zurückkehren wollen oder nicht. Natürlich bezieht sich diese Aussage vor allem auf die ersten drei Monate, in denen generell die Möglichkeit zur Rückkehr noch gegeben ist. Bei jahrelangem, aussichtslosem Koma befindet sich die Seele dennoch in einem Zwischenzustand, da sie, aus welchen Gründen auch immer, den endgültigen Übergang nicht vollzieht.

Als Koma wird der Zustand eines Menschen bezeichnet, der durch bestimmte Umstände, wie Krankheit, Unfall und so weiter, zwischen dieser und der anderen Welt feststeckt. Im Außen erleben wir einen solchen Menschen als bewusstlos, und eine Kommunikation mit ihm ist scheinbar nicht möglich.

In Wirklichkeit ist ein komatöser Patient lediglich nach innen gekehrt, aber nicht bewusstlos und schon gar nicht gestorben. Eine solche Seele bewohnt ihren Körper weiter, wobei sie mit ihrem Bewusstsein auf Reisen gehen kann. Die Seele lockert sich, und sie kann sich überall aufhalten, wo es ihr beliebt, allerdings nicht im Jenseits, sondern nur in der physischen Welt. Ein solcher Mensch hat sich nicht endgültig für seinen Tod entschieden. Er probiert sozusagen andere Lebensmöglichkeiten aus, da er sich überall aufhalten kann. Das erklärt die vielen Phantasiereisen, die von Menschen, die im Koma waren, berichtet werden. Letztlich geht es um die Klärung unerledigter Dinge, die in diesem Zustand zwischen Traum und Phantasie, zwischen Leben und Tod ausagiert werden. Hierzu nun ein typisches Beispiel, das mir kürzlich von einer Betroffenen berichtet wurde:

«Ich wurde aufgrund eines Hirnstamminfarktes in ein künstliches Koma gelegt. Doch als die Ärzte mich zurückholen wollten, wachte ich nicht mehr auf. Insgesamt befand ich mich drei Wochen im Koma. Ich kann mich heute nicht mehr an den genauen Ablauf meiner Erlebnisse erinnern, aber ich spürte keinerlei Begrenzungen mehr und hatte das Gefühl, als schwebte ich über den Wolken. Ich nahm Lichteindrücke wahr und befand mich in einer angenehmen Helligkeit. In diesem ungewöhnlichen Bewusstseinszustand begegnete ich meinem vor Jahren schon verstorbenen Mann. Er sah wesentlich jünger aus, und es war, als würden wir unser ganzes Leben noch einmal leben. Wir befanden uns in Amerika und wollten hier zusammenleben. Aber auch alle Probleme unseres Lebens tauchten wieder auf.

Dann wiederum befand ich mich in einem schmalen Gang, durch den ich nicht durchkam. Es war ein Wechsel zwischen Hell und Dunkel, wie in einem Labyrinth. Ich sah Licht, und als ich mich darauf zu bewegte, stand ich vor einer dunklen Mauer. Heute glaube ich, dass ich die Wahl hatte zwischen diesem Leben und dem Jenseits. All meine Erlebnisse spielten sich auf der physischen Ebene ab, bis ich eines Tages wieder aufwachte. Ich war gelähmt, und ich lernte mühselig wieder, mich zu bewegen. Ich wollte wohl den Übergang noch nicht endgültig vollziehen, und ich habe den Eindruck, dass mir ein zweites Leben geschenkt wurde.»

Ein Mensch im Koma kann dann erst wirklich sterben, wenn das individuelle Bewusstsein in Übereinstimmung mit dem Körper sterben will. Die meisten fühlen sich in diesem Zwischenbereich sehr wohl und richten sich in diesem Zustand ein.

Wir können mit der Seele eines Komapatienten Kontakt aufnehmen. Durch Ansprache und Körperberührung kann das zu einer Reaktion des Patienten führen und manchmal sogar zu seinem Erwachen. Der amerikanische Psychologe Dr. Arnold Mindell vertritt daher die Überzeugung, dass im Koma sein heißt, ungelöste Probleme und unerledigte Geschäfte zu haben.[15] Die ungeklärten Prozesse unseres Lebens streben nach Verwirklichung und Vollendung, da in Todesnähe immer die Möglichkeit zur ganzheitlichen Erkenntnis eines Menschen besteht. Wenn wir liebevoll und ohne etwas erzwingen zu wollen auf Komapatienten eingehen, kann ein Weg zum Betroffenen gefunden werden.

In zahlreichen Seminaren wurde mir in den vergangenen Jahren immer wieder berichtet, dass Angehörige erfolgreich versucht haben, einen Kontakt zur Seele eines Komapatienten über ein Medium herzustellen.

Der Körper sollte im Außen gepflegt werden. Dabei ist es wichtig, das normale Alltagsleben weiterzuleben wie bisher und den Komapatienten in alles einzubeziehen, als wäre er nicht abwesend.

Bei den meisten Menschen, die aus einem Koma zurückgekehrt sind, zeigte sich, dass sie ihr Leben auf dieser Welt vor ihrer Erfahrung nicht wirklich geschätzt haben. In den veränderten Bewusstseinszuständen, die sie während des Komas erlebten, erkannten sie, dass es darum geht, den Frieden mit sich selbst zu schließen. Dazu gehört es, auch seinen Körper zu lieben und zu akzeptieren. Dann erst kann die Wahl zur Rückkehr oder zum Übergang in die geistige Welt getroffen werden. Die zahlreichen berichteten Phantasiereisen zeigen, dass Komapatienten durchaus andere Lebensformen ausprobieren können. Insofern führt ein intensives Komaerleben auch zu erheblichen Persönlichkeitsveränderungen.

Im künstlichen Koma ist das anders: Hier wird ein großer Eingriff vollzogen, wobei sich die Seele in Wartestellung befindet, bis sie in den Körper zurückkehren kann.

Persönlichkeitsveränderungen

Die meisten Menschen, die durch die Erfahrung des klinischen Todes gegangen sind, berichten darüber, dass sie mit neuem Vertrauen und einem Gefühl der Sicherheit zurückgekehrt sind. Sie haben jegliche Angst vor dem Tod verloren. Egal, wie wir eine Nahtoderfahrung auch immer interpretieren mögen, bleibt der Wert an sich in der Tiefe des Erlebens bestehen. Es ist, als hätten diese Menschen für sich entdeckt, was im Leben wirklich zählt. Sie haben die Erfahrung gemacht, dass sie weitaus mehr sind als ihr Körper. Das Gefühl, außerhalb des Körpers ganz und unversehrt zu sein und sich als individuelles geistiges Wesen wahrgenommen zu haben, führt zu einer Haltung des Vertrauens. Deswegen können sich diese Menschen anders als der Alltagsbürger auf das Leben einlassen. Die Persönlichkeit eines

Betroffenen wird durch die Erfahrung des lebendigen Lichts der Liebe und der Einsicht in die geistigen Gesamtzusammenhänge seines Lebens transformiert. Die Auswirkungen einer Nahtoderfahrung sind also erhebliche Persönlichkeitsveränderungen. Die ethischen und sozialen Werte einer betroffenen Person verändern sich maßgeblich.

Hinzu kommt, dass eine Nahtoderfahrung sich meistens in einer Zeitspanne von maximal fünf Minuten ereignet, da nach diesem Zeitpunkt eine Reanimation problematisch ist. Die daraus resultierenden Persönlichkeitsveränderungen verweisen auf die grundsätzliche Bedeutung einer solchen Erfahrung: Die Begegnung mit dem Göttlichen und mit der Transzendenz bewirkt Veränderungen, die eigentlich nicht erklärbar sind. Eine seriöse Psychotherapie würde Jahrzehnte benötigen, bis sie an einen solchen Punkt der Wandlung gelangt.

Dennoch muss angemerkt werden, dass dieser Transformationsprozess für die meisten Betroffenen sehr schwierig ist. Die Neuorientierung ins normale Leben zurück gestaltet sich für viele extrem schwierig.

«Es dauerte mindestens sechs Monate, ehe ich mit meiner Frau darüber sprechen konnte. Es war ein so schönes, überwältigendes Gefühl, dass ich jedes Mal, wenn ich versuchte, es auszudrücken, das Gefühl hatte, explodieren zu müssen, zusammenzubrechen oder zu weinen. Und sie konnte meist nicht verstehen, was mit mir los war ... Es war, als ob ich mein ganzes Leben noch einmal neu begänne. Ich war wie neugeboren.»[16]

Unsere Gesellschaft ist immer noch abwehrend im Umgang mit Menschen, die Todesnäheerlebnisse gemacht haben. Das trifft besonders auf Angehörige zu, erst recht, wenn ein Mensch sein Leben total umkrempeln will. Die Entfremdungsgefühle und Anpassungsprobleme derer, die vom Tod zurückkehrten, sind zudem von einer übermächtigen Intensität der Gefühle geprägt. Die Welt wird mit anderen Augen gesehen. P.M. Atwater schreibt: «Wie kann man das seiner Familie erklären? Werden sie verstehen, was man sagen will? Werden sie verletzt sein? Erschrocken? Verwirrt? Verängstigt? Wer ist das neue Du und wie lebst Du damit?»[17]

Nicht selten stoßen die Betroffenen auf Widerstand und Nichtakzeptanz. Insofern erstaunt es wenig, dass Pim van Lommel in seiner Studie feststellte, dass es etwa sieben Jahre dauert, bis ein solches Erleben in die Persönlichkeit integriert werden kann. Es ist also keineswegs so, dass jemand nach einer Nahtoderfahrung als neuer Mensch erwacht. In Wirklichkeit gehen viele durch Abgründe, Zweifel und Orientierungslosigkeit. Es kommt häufig zu Trennungen oder Scheidungen. Die Transformation ist ein harter Prozess. Ein Betroffener kann wählen, ob er sich auf diesen Prozess einlässt oder das Erleben verdrängt.

Besonders schwierig gestalten sich in diesem Zusammenhang die Todesnäheerlebnisse von Kindern. Robert hatte im Alter von zehn Jahren einen Badewannenunfall. Ein Föhn war ins Wasser gefallen, und Robert erlitt einen Stromschlag. Er befand sich außerhalb seines Körpers und sah das alles durchdringende Licht, welches er am liebsten nicht mehr verlassen wollte. Statt einer Lebensrückschau wurde Robert ein Blick in die Zukunft offenbart. Er sah seine spätere Frau und seine zwei Kinder. Vor allem erlebte er die innere Beziehung zu diesen Personen. In seinem späteren Leben zeigte sich, dass die Zukunftsprogression haargenau stimmte.

Dennoch verschwieg Robert sein Erlebnis jahrzehntelang, da er sich als Heranwachsender völlig überfordert fühlte. Die Erinnerungen daran ließen ihn jedoch niemals los.[18]

Die amerikanische Sterbeforscherin P.M. Atwater hat in den vergangenen Jahren vor allem die Nahtoderfahrungen von Kindern untersucht. Dabei stellte sie fest, dass Kinder ein solches Erleben schwerer verarbeiten als Erwachsene. Sie brauchen sehr viel mehr Zeit dafür, weil sie sich oft die Schuld für das Erlebte selbst zuschreiben. Sie fragen sich: «War ich böse? Warum sind die Lichtwesen weggegangen?» Kinder mit Nahtoderfahrungen wirken viel früher erwachsen. Sie geben immer wieder zu Protokoll, dass sie das Gefühl haben, dadurch ihre Kindheit verloren zu haben. Auffällig ist auch die Tendenz, Drogen und Alkohol im späteren Leben zu konsumieren, da sie sich nach der Geborgenheit des Lichts zurücksehnen. Atwater fand heraus, dass circa 21 Prozent der Menschen, die als Kind ein Todesnäheerlebnis hatten, irgendwann Suizid begehen.[19]

Diese Aussagen bestätigen, wie schwer ein solches Erleben zu verarbeiten und in die Persönlichkeit zu integrieren ist. Eine ausgeprägte Todessehnsucht im Sinne eines Sichzurücksehnens in die Erlösung der allumfassenden Liebe kann die Folge sein. Gerade Menschen, die in ihrer Kindheit Nahtoderfahrungen erlebten, haben große Schwierigkeiten, ihre Lebensaufgabe zu finden beziehungsweise diese dann auch umzusetzen. Viele verschweigen ihre Erlebnisse vor den Eltern oder Freunden. Jugendliche oder Kinder sind von der Macht einer Nahtoderfahrung völlig überfordert, zumal es an wesentlichen spirituellen Beistandssystemen mangelt. Das führt dann manchmal zu Suiziden beziehungsweise Suizidversuchen. Es gibt viel zu wenig Psychologen und Therapeuten, die sich auf die Bedürfnisse von jungen Menschen nach einer Nahtoderfahrung überhaupt einstellen können. Hierzu eine typische Lebensgeschichte von Nadja, die mit sieben Jahren von einer giftigen Viper gebissen wurde:

«Ich wusste, dass ich tot war, und verließ meinen Körper. Dieser interessierte mich nicht länger. Ich sah ein Lichtwesen, welches mir wie die Himmelsmutter vorkam. Dieses Wesen teilte mir liebevoll mit, dass ich noch nicht sterben würde, weil ich noch eine Aufgabe zu erfüllen habe. Ich überlebte, nahm aber nach dem Erlebnis seltsame Veränderungen an mir wahr. Ich konnte Gedanken lesen und den Schmerz und das Leid anderer Menschen fühlen und hören. Leider konnte ich mit niemandem darüber sprechen außer mit meiner Großmutter. Die jedoch verbot mir, anderen davon zu erzählen. Das führte dazu, dass ich mich mehr und mehr verschloss. Die Sehnsucht nach dem Licht

50

wurde immer ausgeprägter. Schließlich unternahm ich zwei Suizidversuche. Beim zweiten Mal gab mir eine eindringliche Stimme zu verstehen, dass ich nicht dort bleiben kann, weil ich noch nicht einmal mit meiner Aufgabe angefangen hatte. Meine Todessehnsucht war sehr groß, aber ich musste ins Leben zurückkehren. Es hat Jahrzehnte gedauert, bis ich meine eigentliche Aufgabe in diesem Leben gefunden habe. Heute, mit 43 Jahren, begleite ich Sterbende. Durch meine Suizidversuche, ich war damals um die 30, verstand ich, dass die Selbsttötung keine Lösung und daher sinnlos ist. Auch nach dem Tod würde ich nur erneut mit meinen Problemen konfrontiert sein, bis ich durch sie hindurchgehe.»[20]

Diese Lebensbeschreibung verdeutlicht den beschwerlichen Weg, mit sich selbst ins Reine zu kommen. Bei anderen Betroffenen können starke Selbstzweifel oder psychische Krisen ausgelöst werden, weil sie sich von ihrer Umwelt allein gelassen fühlen. Diejenigen, welche die Abgründe und Schattenseiten ihrer Persönlichkeit durchschritten haben, erfahren einen tiefgründigen Persönlichkeitswandel. Sie haben ihre Zweifel und Ängste überwunden und erleben nun ein grundsätzliches Gottvertrauen.

Es gibt Menschen, die nach einem Todesnäheerlebnis über neu erworbene, parapsychologische Kräfte berichten: Vorahnungen, außerkörperliche Erfahrungen, telepathische Erlebnisse oder Hellsichtigkeit sind ungewöhnlich häufig nach einem Sterbeerlebnis. Allerdings sind diese Fähigkeiten für die Betroffenen schwer zu verarbeiten. Einiges deutet darauf hin, dass die Patienten durch die Lichterfahrung sozusagen elektromagnetisch neu vernetzt werden, wodurch sich die Kanäle für die geistige Welt öffnen. Andere erleben regelmäßig wiederkehrende Flashbacks. Die persönliche Wandlung wird dem Sterbeerlebnis zugeschrieben, woraus eine angstfreie Einstellung zum Tod resultiert. Daraus ergibt sich auch eine neue Lebenseinstellung. Eine Betroffene drückte das so aus:

«Wenn das der Tod ist, dann habe ich keine Angst mehr zu

sterben. Und wenn es im Leben danach auch nur so ähnlich ist, dann habe ich überhaupt keine Angst mehr. Ich fürchte mich einfach gar nicht mehr. Das weiß ich. Und ich weiß, dass ich einen Blick hineingeworfen habe.»[21]

Negative Nahtoderlebnisse

Wenn wir eine Nahtoderfahrung erleben, ist der Ablauf des Erlebens von den wesentlichen Merkmalen her immer ähnlich. Subjektiv jedoch spielen unsere Gedanken in das Erleben hinein. Diese können sehr wohl zu bizarren Erlebnissen führen, da wir unsere Gedanken sind. Insofern kann sich im Augenblick unseres Todes das, was sich dann in unserem Bewusstsein befindet, unmittelbar manifestieren. Daher wurde in allen großen Weltreligionen der Moment des Todes als bedeutsam für die Reise der Seele ins Jenseits angesehen.

Ein negatives Erleben spiegelt die Begegnung mit den eigenen Zweifeln und Ängsten wider. Je stärker diese ausgeprägt sind, desto eher kann die außerkörperliche Reise der Seele zu einer Erfahrung endloser physischer und emotionaler Pein werden. Dabei wird nicht eine objektive Realität des Jenseits erfahren, sondern lediglich die subjektive Wirklichkeit der eigenen Psyche. Erst wenn der Betroffene die Situation akzeptieren kann, wie sie ist, geht die Seelenreise weiter und wandelt sich in das typische positive Lichterleben.

Die Bewusstseinserweiterung wird also nicht nur als angenehm erfahren. Bei genaueren Befragungen von Menschen mit Todesnäheerlebnissen zeigt sich, dass gerade zu Beginn eines solchen Erlebens sehr wohl Unsicherheit, Irritation oder auch Angst vorherrschen. Viele Menschen sträuben sich gegen eine solche Erfahrung. Allein die Tatsache, sich außerhalb des Körpers zu befinden, kann zu psychischen Abwehrmechanismen führen. Die Erfahrung eines völlig anderen Bewusstseinszustandes, der ungewohnt ist, kann Angst produzieren, da alles Unbekannte und nicht Fassbare für den Menschen irritierend ist. Außerdem wird möglicherweise das gesamte Weltbild des Betroffenen auf den Kopf gestellt. Hier ein typisches Beispiel, wie sich nach anfänglicher Angst das Geschehen positiv wendet:

«Infolge von Komplikationen nach der Geburt ihres dritten Kindes hatte eine Sekretärin wegen ihrer unerträglichen Schmerzen eine Anästhesie bekommen. ‹Auf einmal wurde ich aus meinem Körper herausgezogen›, berichtet sie. ‹Ich sah dem Arzt und einer Krankenschwester von der Zimmerdecke aus zu, wie sie sich an meinem Körper zu schaffen machten. Dann fühlte ich mich schneller und schneller durch einen Tunnel gleiten. Beim Eintritt hörte ich Maschinengeräusche, dann Stimmen von Menschen, die ich gekannt hatte. Da ich furchtbare Angst bekam, achtete ich nicht näher auf sie. Ich bewegte mich auf einen Lichtkegel am Ende des Tunnels zu. Ich wusste, dass ich dabei war zu sterben, und entschloss mich – ohne dass es mir etwas nützte –, nicht mehr weiterzuwollen. Das Licht explodierte um mich herum. Ich erschrak furchtbar. Um mich waren Wesen, die meine Ankunft bemerkt hatten. Sie betrachteten mich belustigt, ohne meine Verwirrung zur Kenntnis zu nehmen.

Doch plötzlich wurde meine angeschlagene Stimmung zu einem tiefen Frieden. Ich fügte mich in dieses unheimliche Experiment und wurde akzeptiert. Ein Frage-und-Antwort-Spiel begann, bei dem ich die Fragen stellte und die Wesen mir die Antwort zeigten. Letztendlich machten sie mir klar, wieder in meinen Körper zurückzukehren. Ich wachte dann im Krankenhaus wieder auf.»[22]

Erfahrungen in Todesnähe sind also keineswegs immer positiver Natur. Manche Menschen gelangen deswegen nicht unmittelbar ins Licht, weil sie durch ihre Angst blockiert werden und kein Vertrauen haben. Sie bleiben im Übergang stecken, in einer Art Zwischenreich. Sie kehren dann äußerst verängstigt zurück. Die Orte und Dimensionen der Hölle freilich, die hier erlebt werden, sind Widerspiegelungen der eigenen Ängste und somit eine Illusion. Die irdischen Identifikationen werden nicht aufgegeben, da die Betroffenen Angst haben, die Kontrolle über das Gewohnte zu verlieren. Häufig sind auch Erfahrungen von tristen Orten oder absoluter tiefer Sinnlosigkeit.

«Rechts von mir war dunkler Weltraum, links Gruppen von schwarzen und weißen Kreisen. Sie höhnten boshaft und lachten spöttisch: ‹Dein Leben hat nie existiert. Dir wurde erlaubt, es dir vorzustellen. Es gab nie etwas anderes als das Nichts. Alles war nur ein Scherz. Alles, was war und was es jemals geben wird, ist nur diese Verzweiflung.› Die 28-jährige Frau hält es für einen kosmischen Terror, von dem wir nichts ahnen.»[23] Dieses Gefühl ewiger Leere wird allerdings meistens bei schwierigen Geburten unter Narkose erlebt.

Die heutigen Nahtoderfahrungen decken sich auch mit den alten christlichen Ars-Moriendi-Beschreibungen oder mit bestimmten Inhalten des Tibetischen Totenbuches. Selbst in diesen Schriften lesen wir von einem Zwischenzustand, in dem neben den friedlichen Gottheiten auch rasende und wütende beschrieben werden. Diese «Gottheiten» freilich sind Bilder, die mit unserem Unbewussten zu tun haben. In dem erweiterten Bewusstseinszustand werden wir mit den verdrängten Anteilen unseres Lebens konfrontiert. Je mehr Negatives sich im Augenblick des Todes in unseren Gedanken befindet, umso höher ist die Wahrscheinlichkeit, mit diesen Inhalten konfrontiert zu werden. Wenn eine Person sich gegen die Erfahrung des völlig anderen Bewusstseinszustandes sträubt, kann sie nicht loslassen. Letztlich ist dieser Zwischenzustand aber eine Welt der Illusion. Es ist das verdrängte Unbewusste, also der eigene Schatten, in dem diese Menschen feststecken.

Wir wissen heute aus zahlreichen Todesnäheerlebnissen, dass sich das negative Erleben in dem Moment verändert, da die betroffene Person sich fallen lassen und Vertrauen aufbringen kann. Dann erst entfaltet sich das eigentliche positive Erleben. Subjektiv mag dann eine Negativerfahrung als buchstäbliche Begegnung mit der Hölle, dem Teufel oder irritierenden Dämonen erfahren werden. In Wirklichkeit ist es aber nichts anderes als eine Begegnung mit den eigenen Ängsten.

Umso wichtiger ist es, sich mit dem heutigen Wissen über das Sterben vertraut zu machen, da sich die Schattenseiten und Zweifel eines Menschen auch im Sterbeprozess offenbaren. All den unterschiedlichen Merkmalen des Kodes der Nahtoderfahrung werden wir im Folgenden bei der Betrachtung des inneren Sterbeprozesses des Menschen wiederbegegnen. Todesnäheerlebnisse zeigen uns in ihren positiven wie auch negativen Ausprägungen, was beim Sterben geschieht. Der Übergang in die andere Welt ist universaler Natur und betrifft jeden von uns.

Liebe

Ich war schwerelos geworden
und schwebte über mir.
Aller Schmerz verschwand.
Ein Licht erstrahlte
am Ende der Dunkelheit,
größer werdend,
bis es mich umfasste, mich durchdrang.

Liebe des nicht Ausdrückbaren,
das Ziel der Erdentage,
verband mich
mit allem Sein.
Furchtlos, wehrlos geworden,
mich ergebend in Seligkeit?
Es gibt kein Wort,
um dessen Willen ich hierher gekommen,
um zu sagen,
was Liebe ist.

Liebe ist alles
und nichts,
der Ursprung jeglicher Kreatur
und allen Seins.

Die Tränen der Sehnsucht
nach dieser Allgegenwart
trocknen nie.
Und in der Ungeborgenheit
meiner Jahre
liegt das Ziel des EWIGEN:
In IHM sein.

4. Kapitel
Der äußere Sterbeprozess

Bericht über das Sterben eines Menschen

Zur Einstimmung in unser Thema möchte ich ein authentisches Beispiel über den Verlauf eines Sterbeprozesses wiedergeben. Es enthält musterhaft sowohl das äußere wie auch das innere Geschehen beim Sterben.

«Mein Mann Günter erkrankte im November 2001 an einem inoperablen Bronchialkarzinom. Nach seiner ersten Chemotherapie und der Strahlenbehandlung ging es ihm sehr gut, und wir hatten noch ein wunderschönes Jahr zusammen. Kurz vor Weihnachten 2002 wurden Metastasen in der Leber, an der Wirbelsäule und Hüfte festgestellt. Die Chemotherapien halfen nicht mehr, und es folgten mehrere Krankenhausaufenthalte. Die Wasseransammlungen im ganzen Körper konnten selbst mit den stärksten Tabletten nicht mehr behandelt werden. Nach den ersten Untersuchungen wurde mir von den Ärzten gesagt, dass seine Nieren nicht mehr richtig arbeiten. Auch die Lunge meines Mannes sei in einem schlechten Zustand.

Nun musste ich mich auf das Schlimmste einstellen. Es ging Günter immer schlechter, und ich blieb bei ihm im Krankenhaus. In der ersten Nacht fiel er gleich in eine tiefe Bewusstlosigkeit, die mehrere Stunden andauerte. Nach seinem Erwachen war er verstört und berichtete immer von einem Licht und von der Liebe, die er dort erfahren hatte. Die nächste Nacht setzte er sich in seinem Bett auf und fing im Schlaf an zu sprechen. Die Stimme war nicht die seine. Er sprach so schnell, so voller Energie und so konsequent: ‹Ich bin Gott, ich bin Jesus!› Er gebrauchte Worte, die ich vorher nie von ihm gehört hatte. Ich bekam es mit der Angst zu tun, denn ich konnte ihn nicht beruhigen. Er sprach immer schneller. Deshalb läutete ich nach der Nachtschwester, die ihm eine Morphiumspritze gab, damit er ruhig wurde. Als er wieder ansprechbar war, haben wir darüber gesprochen, aber er konnte sich nicht an alles erinnern. Günter wusste nur, dass er ein Licht gesehen hatte. Immer wieder sprach er davon, dass das einzig Wichtige die Liebe sei.

In der dritten Nacht hatte er einen Albtraum. Als er aufwachte, war er sehr ängstlich, unruhig und total am Boden zerstört. Er berichtete mir, dass er Angst vor dem Sterben habe, wenn es im Jenseits so sei, wie er es soeben erlebt habe. Er ging durch ein finsteres Tal, und der Ort erschien ihm als ungemütlich und schrecklich. Er war der Meinung, dass er sich soeben in der Hölle aufgehalten habe. Ich konnte ihn damit beruhigen, dass alles nur ein schlechter Traum war. Auch in der letzten Nacht hatte er eine Vision, aber diesmal mit einem guten Ende. Günter wurde wach und war glücklich und sagte, dass das Wichtigste die Liebe sei. Er erzählte mir außerdem von einem verstorbenen gemeinsamen Freund, den er gesehen hat.

Ich schob zu diesem Zeitpunkt all diese Visionen auf seine starken Medikamente. Kurz darauf ließ ich ihn nach Hause bringen. Nun wurden alle Medikamente, bis auf das Morphium, abgesetzt. Die erste Nacht schlief er wie ein kleines Kind ruhig und friedlich. Nur einmal war er wach und sagte zu mir: ‹Ich bin daheim.› Zwei Tage später verschlechterte sich sein Zustand. Zeitweise erkannte er uns kaum noch. Nur auf unseren zweieinhalbjährigen Enkelsohn Max hat er immer reagiert.

Seine letzte Nacht war die allerschlimmste. Er phantasierte viele Stunden, und immer ging es um seinen Job. Seine letzten Worte in diesem Traum waren immer wieder: ‹Alle Maschinen auf Stopp!› Von da an sprach er nicht mehr. Als ich in dieser

Nacht eine Spritze für ihn aufzog, überkam mich auf einmal ein leichtes Gefühl. Mir wurde warm ums Herz, und der Gedanke schoss mir durch den Kopf, dass Günter jetzt gehen wird. Er wird mir helfen, und alles wird leicht.

Kurz bevor mein Mann starb, saß der Enkelsohn Max mit an seinem Sterbebett. Er hielt die Hand seines Opas und fragte ihn, ob etwas wehtut. Ich sagte ihm, dass sein Opa nun in den Himmel geht und von da oben auf ihn und seine kleine Schwester Sarah aufpassen wird. Mein Mann nickte sehr heftig mit dem Kopf, als wollte er meine Worte bestätigen. Mein Mann verstarb Anfang August 2003 in meinen Armen. Ihm liefen Tränen über sein Gesicht. Für mich ist es das Schlimmste, dass er nicht mehr mit mir sprechen konnte, denn ich habe heute noch das Gefühl, dass er mir etwas mitteilen wollte. Ich hielt noch lange seine Hand.

Bevor mein Mann vom Bestattungsunternehmer abgeholt wurde, ging ich noch einmal an sein Bett. Da sah ich, dass er ein Lächeln auf seinem Gesicht hatte. Ich rief meine Tochter und meinen Schwiegersohn dazu und sagte zu ihnen: ‹Ich glaube, Papa geht es gut, und er ist bestimmt sicher da oben angekommen.› Im selben Augenblick hörten wir im Garten ein lautes Krachen. Als wir nachsahen, was los war, sahen wir, dass von unserem Birnbaum ein etwa zehn Zentimeter dicker Ast abbrach. Mein Mann hat uns damit ein Zeichen gegeben und meine Worte bestätigt.»

Dieser sehr genaue und authentische Bericht der Ehefrau über das langsame Hinübergleiten ihres Mannes dokumentiert in eindrücklicher Weise den phasenhaften Verlauf des Sterbeprozesses, der im Folgenden genauer erläutert wird. Ebenfalls werden die mit dem Sterben einhergehenden Bewusstseinserweiterungen sehr detailliert geschildert.

Die Bedeutung von Elisabeth Kübler-Ross

Elisabeth Kübler-Ross gilt heute als Pionier der Sterbeforschung. Sie brach das Tabu um Sterben und Tod schon Ende der 60er Jahre weltweit auf. Durch ihren Mut und ihre Entschlossenheit, sich für die Belange Sterbender einzusetzen, können wir heute selbst darüber entscheiden, wo wir sterben wollen: zu Hause, im Pflegeheim, im Krankenhaus oder im Hospiz.

Mitte der 60er Jahre setzte sich Elisabeth Kübler-Ross persönlich an die Betten Sterbender und veröffentlichte später ihre Beobachtungen des äußeren Sterbeprozesses in ihrem Weltbestseller «Interviews mit Sterbenden». Die Ärztin stellt die Dynamik des Sterbeprozesses dar und zeigt auf, dass selbst in der letzten Lebensphase noch Wandlung und Neubeginn möglich ist. Erstmals wurde in ihrem Buch das sogenannte Fünf-Phasen-Modell beschrieben, das aus dem Nicht-wahr-haben-Wollen, Auflehnung und Zorn, Verhandeln, Depression bis hin zum Akzeptierenkönnen des bevorstehenden Todes besteht. Natürlich verlaufen nicht alle Sterbeprozesse exakt in dieser Abfolge, da manche steckenbleiben oder andere in den Phasen hin- und herspringen oder sie gar mehrfach durchlaufen.

Die Kenntnis dieser Phasen im Sterben des Menschen gehört heute längst zur Standardausbildung in den Pflegeberufen oder Sterbebegleiterkursen in Hospizen. Es hat sich als überaus hilfreich für die Praxis der Sterbebegleitung erwiesen, da dadurch eine Einschätzung des Sterbeverlaufes überhaupt erst möglich wurde.

Heute ist in diesem Gesamtzusammenhang darauf zu verweisen, dass längst nicht mehr jeder Sterbende die verschiedenen Phasen überhaupt durchlaufen kann. Da immer häufiger künstlich in den Sterbeprozess eingegriffen wird, bleiben viele Betroffene im Nicht-akzeptieren-Können stecken, da der natürliche Verlauf des Sterbens aufgehalten wird.

In späteren Jahren beschäftigte sich Elisabeth Kübler-Ross mit sterbenden Kindern und dann mit Aids-Patienten. Ihre Workshops, die Tausenden halfen, aus ihrer verkrusteten Trauer herauszukommen, fanden auf der ganzen Welt große Beachtung.

Der eigene Sterbeprozess der berühmten Erforscherin des Todes gestaltet sich indes außerordentlich problematisch. Seit 1995 wartet Elisabeth Kübler-Ross auf ihren eigenen Tod. Damals erlitt sie den ersten großen Schlaganfall. Seitdem ist sie mehr oder weniger bewegungsunfähig. Bis heute kann sie diesen Zustand nicht akzeptieren, der sie zwingt, von anderen annehmen zu müssen. Ein Dokumentarfilm, der 2002 gedreht wurde und Ende 2003 auch in deutschen Kinos gezeigt wurde, hinterlässt den Eindruck, dass sie ihren eigenen Tod selbst bestimmen und kontrollieren will. Sie ist immer noch voller Wut und Zorn gegenüber dem Himmel, da er sie nicht nehmen will.

Als ich im Jahre 2000 mehrere Tage bei ihr Hausgast war und damals ein umfangreiches Interview mit ihr führte, sagte sie in den Gesprächen, dass sie auf keinen Fall in ein Pflegeheim gehen würde: «Nur über meine Leiche verlasse ich dieses Haus! Das weiß sogar der Wachmann.»[24] Trotz vieler widriger Umstände lebte sie bis zum Herbst 2002 in ihrem Haus in der Wüste Arizonas nahe Phoenix. Im September desselben Jahres fiel sie aus ihrem Bett auf den Steinfußboden ihres Hauses. Da bedauerlicherweise das Handy nicht funktionierte, konnte sie sich nicht bemerkbar machen. So lag sie einige Tage auf dem Boden, bis sie schließlich gefunden wurde. Frau Kübler-Ross kam dann ins Krankenhaus und anschließend in ein Pflegeheim. Das Heim befindet sich nicht weit vom Haus ihres Sohnes Kenneth entfernt. Ihr eigenes Haus musste Ende 2003 verkauft werden, um die Kosten für die Heimunterbringung zu decken. Seitdem lebt sie im Pflegeheim. Letztlich zeigt dieses Beispiel, dass jeder Einzelne von uns seinen ureigenen Sterbeprozess zu durchlaufen hat, den wir weder kontrollieren noch bestimmen können. (Anm.: Elisabeth Kübler-Ross ist im August 2004 gestorben.)

Im Gefolge ihrer unermüdlichen Öffentlichkeitsarbeit über die Belange sterbender Menschen lassen sich immer mehr Menschen in der Sterbebegleitung ausbilden, um in den vielen entstandenen Hospizen ehrenamtlich Sterbende zu begleiten.

Die Sterbeforschung etablierte sich in den vergangenen 40 Jahren und beschrieb immer neue Details des Sterbeprozesses. Es kann heute nur noch darum gehen, diese neuen Erkenntnisse über das Sterben, die in zahlreichen Aufsätzen und Büchern verstreut sind, für alle nutzbar und zugänglich zu machen zum Wohle der Angehörigen und Sterbenden.

Die fünf äußeren Sterbephasen

Erste Phase: Nicht-wahrhaben-Wollen

Wenn ein Mensch mit einer tödlichen Diagnose konfrontiert wird, löst dies zunächst einen tiefen Schock bei dem Betroffenen aus. Er bäumt sich gegen die lebensbedrohliche Realität auf. Natürlicherweise reagiert ein Betroffener zunächst mit Verleugnung und Verdrängung: Der Mensch will nicht wahrhaben, dass er sterben wird. Die Reaktionen auf einen solchen Schock sind verschieden: Mancher verliert den Halt, ist wie gelähmt, während andere verdrängen, den Kopf in den Sand stecken oder gar versuchen, die Diagnose zu ignorieren und krampfhaft weiterzuleben, als wäre nichts geschehen. «Nein, nicht ich! Ich kann es einfach nicht glauben!», ist eine häufige Reaktion. Ein anderer pilgert von Klinik zu Klinik, um den vermeintlichen «Irrtum» aufklären zu lassen. Es kommt zu erheblichen seelischen Gefühlsschwankungen, wobei das Verdrängen zu einem Gegengewicht der Lebensbedrohung wird. Alltägliche Routine im Beruf wie im Privaten wird zum einzigen Halt in einer Welt, die ins Wanken geraten ist. Der eigentliche Schock löst sich nur langsam, bis die

Bedeutung einer zum Tode führenden Diagnose realisiert wird. Nun erst können Ängste benannt und geäußert werden, wie auch Bedürfnisse oder Hoffnungen beschrieben werden.

Der Patient wird irgendwann nicht darum herumkommen, der Möglichkeit des eigenen Todes ins Auge zu schauen. Zahlreiche Betroffene kommen in der Stille und Einsamkeit der Nacht mit sich ins Reine. Erste Wege aus der inneren Erstarrung werden gefunden. Deswegen suchen viele Sterbende, die in Krankenhäusern oder Heimen untergebracht sind, gerade in den einsamen Nachtstunden das Gespräch mit dem Pflegepersonal.

Das Verhalten des Patienten bleibt in dieser Phase ambivalent, da am Tag häufig weiter verdrängt und verleugnet wird. Es ist ein länger andauernder Prozess, der seitens eines Begleiters viel Verständnis und Geduld erfordert. Es gibt durchaus Patienten, die in dieser Phase des Nicht-wahrhaben-Wollens steckenbleiben. Diese verhärten sich, und mancher stirbt nach einem langen Kampf gegen den Tod unversöhnlich. Wir können keinen Menschen zwingen, der eigenen Wahrheit ins Gesicht zu schauen. Das kann immer nur aus ihm selbst heraus geschehen.

Für einen *Begleiter* ist es wichtig, den Betroffenen *seine* Meinung äußern zu lassen. Der Respekt vor der Meinung des anderen, vor den momentanen Möglichkeiten, wie sie sind, ist hier absolut wichtig. Die Abwehr unangenehmer Dinge ist ein weitverbreitetes gesellschaftliches Phänomen. Wir neigen alle dazu, viele Dinge, mit denen wir uns nicht auseinandersetzen möchten, auf «später» zu verschieben. Insofern sollte der Begleitende seine eigene Haltung diesen Verdrängungsmechanismen gegenüber im Auge behalten.

Die Konfrontation mit den seelischen Nöten eines Menschen, der seinem Tod ins Auge sehen muss, ist für einen Begleiter eine große Herausforderung. So können die Verhaltensweisen von Leugnen und Verdrängung auch dem Bedürfnis eines Begleitenden entsprechen.

Für einen Menschen aber, der mit der Begrenztheit seines Lebens konfrontiert ist, besteht nun die Gelegenheit, im Hier und Jetzt des Augenblicks an seinem Wachstum und seinem Reifwerden zum Tode zu arbeiten. Ein Begleiter ist gefordert, dem Sterbenden durch Zuhören zur Verfügung zu stehen, nicht aber zu werten oder gar die Verleugnung zu bestärken.

Die typischen Merkmale dieser ersten Phase des Nicht-wahrhaben-Wollens sind zusammengefasst: Schock, verdrängen, leugnen, Stimmungslabilität.

Beispiele entsprechender Äußerungen der Betroffenen sind: «Nein, nicht ich! Ich bin wie gelähmt! Ich kann es nicht glauben! Ich fühle mich so hilflos! Meine Gedanken kreisen nur um die Diagnose! Ich bin starr vor Schreck ...!»

Die wesentlichsten Punkte in dieser Phase sind für den Begleiter: abwarten, zuhören, nicht widersprechen, Gesprächsbereitschaft signalisieren.

Zweite Phase: Auflehnung

Wenn das Verdrängen aufgegeben wird, steigen gewaltige Gefühle im Sterbenden auf. Die unerledigten Dinge seines Lebens tauchen aus der Innenwelt vor seinem geistigen Auge auf. Alles, was er auf später verschieben wollte, wird nun nicht mehr Wirklichkeit. Gleichzeitig steigt die Angst vor dem Tod in ihm auf, die Ungewissheit vor dem Danach. Dieses Chaos der Gefühle lässt den Patienten wütend und zornig werden. Im Außen zeigt sich dies durch ständiges Kritisieren, durch Unzufriedenheit oder Schuldzuweisungen.

Dies ist die schwierigste Phase im Sterbeprozess, da die Patienten aufgrund der aufsteigenden negativen Gefühle dazu neigen, ihre Umwelt zu tyrannisieren. Angehörige fühlen sich durch bösartige Bemerkungen vor den Kopf gestoßen, und das Pflegepersonal versucht nicht selten, den Betroffenen aus dem Weg zu gehen. Zudem sind sie durch die häufig schwankenden Gefühle der Patienten verunsichert. Für den Patienten ist dabei das Bewusstwerden der unterdrückten Gefühle seines Lebens ein Segen.

All der unbewältigte Schmerz der Jahre, die aufgestaute Wut, der Hass und der Zorn treten an die Oberfläche. Es ist sozusagen der Versuch, mit sich selbst ins Reine zu kommen angesichts des sich nahenden Todes.

Der Patient ist in seinem Verhalten unkalkulierbar, und deswegen ist es für einen *Begleiter* besonders wichtig, das Gesagte nicht persönlich zu nehmen. Gerade in dieser schwierigen Phase ist stille Anwesenheit und Verständnis gefordert. Nicht selten projizieren sich die aufbrechenden Angst- und Schuldgefühle auf die Begleitenden oder das Pflegepersonal. Diese sollten darauf achten, sich selbst nicht als Vertreter oder Sündenbock benutzen zu lassen: Eine deutliche Abgrenzung vor den Gefühlswallungen des Patienten ist ebenso notwendig, wie einfach für ihn da zu sein und das Gesagte nicht persönlich zu nehmen. Liebevolle Zuwendung und Verständnis sind in dieser Phase selbst für professionelle Helfer nicht immer leicht aufzubringen. Eigentlich braucht ein Mensch in der Phase der aufbrechenden Emotionen den Begleiter am dringendsten. Der Sterbende lehnt sich gegen sein Schicksal angesichts des Todes auf: «Warum ich?», oder: «Warum lässt Gott das zu?»

Die typischen Merkmale der zweiten Phase der Auflehnung sind zusammengefasst: Wut, Zorn, Hass, nörgeln, kritisieren, Selbstanklage, Schuldzuweisungen. Beispiele entsprechender Äußerungen sind: «Meine Wut ist grenzenlos! Alles geht mir auf die Nerven! Mit mir nicht! Ich traue keinem mehr! Warum ist Gott so ungerecht ...?»

Die wesentlichsten Punkte für den Begleiter in dieser Phase sind: Nichts persönlich nehmen, verständnisvolle Zuwendung, nicht werten, aktives Zuhören, aber sich auch abgrenzen können.

Dritte Phase: Verhandeln

Wenn die Phase des Auflehnens sich dem Ende zuneigt, wird aus dem schwierigen und ewig nörgelnden Patienten ein umgänglicher Mensch. Nun versucht er, die Gewissheit seines nahenden Todes durch Verhandeln zu verlängern. Auf der spirituellen Ebene bittet er Gott, ihm noch ein wenig Zeit zu lassen. «Wenn ich Weihnachten noch erleben darf, dann ...» Im Außen versucht der Patient, seine persönlichen Dinge zu regeln. Testamente werden verfasst, und Unerledigtes wird in Angriff genommen. Manch einer sehnt sich nach Aussöhnung mit einem bestimmten Menschen und äußert den Wunsch, dass dieser ihn besucht. Der Patient will seine persönlichen Angelegenheiten bereinigen. Er versucht, sich noch eine Lebensspanne abzutrotzen, und verhandelt deswegen mit seinem Schicksal. Er ist auch bereit, mögliche therapeutische Maßnahmen auszuschöpfen.

Es ist dabei darauf hinzuweisen, dass es auch viele «stille Verhandler» gibt, die eine besondere Aufmerksamkeit und viel Verständnis vom *Begleitenden* erfordern. Da die Phase des Verhandelns auch eine Strategie darstellt, der Realität des nahen Endes aus dem Weg gehen zu können, ist hier Vorsicht geboten vor unrealistischen Plänen und Erwartungen.

Die typischen Merkmale der dritten Phase sind zusammengefasst: hoffnungsvoll sein, kooperativ, aktiv und umgänglich.

Beispiele entsprechender Äußerungen sind: «Ja, es trifft mich, aber wenn Gott mich nur noch ein Jahr leben lässt, nehme ich alle Behandlungen auf mich ...»

Die wesentlichsten Punkte für den Begleiter sind: Hoffnung zulassen, jedoch keine unrealistischen Hoffnungen wecken, Strategien und Inhalte des Verhandelns nicht bewerten, vor allem wenn ein Patient anders handelt, als der Begleitende das für richtig hält. Niemals sollten diese Schwankungen persönlich genommen werden.

Vierte Phase: Depression

Während der vierten Phase setzt beim Sterbenden die Erkenntnis ein, dass er sterben wird. Er kann sich nun nicht länger herausschwindeln. Das verursacht Traurigkeit und Depression. Dabei handelt es sich um eine Reaktion auf alle vergangenen Verluste sowie alle Versäumnisse und Unterlassungen seines Lebens. Die Bilder des individuellen Lebens tauchen aus der eigenen Innenwelt auf und werden bewusst. Der Sterbende weiß, dass ihm nur noch wenig Zeit bleibt, Unerledigtes zu bereinigen. Mancher ist verhärtet, andere sehnen sich nach Aussöhnung mit einem bestimmten Menschen. Die Patienten trauern auch um alle ungelebten Möglichkeiten ihres Lebens und wissen nun, dass sie alles zurücklassen müssen, was ihnen im Leben etwas bedeutet hat: Menschen, Orte und Dinge. Sie blicken der Unausweichlichkeit ihres Todes ins Gesicht und gestehen sich ein: «Ja, ich muss sterben.» Das Verleugnen und Verdrängen löst sich auf.

Als *Begleitende* sollten wir die Traurigkeit und die Depression des Sterbenden zulassen. Es ist hier keine Beschönigung mehr möglich. Oberflächliche Versuche, den Patienten abzulenken oder zu vertrösten, sind unangebracht. Es geht um das Verständnis, dass es für jeden traurig ist, alles hinter sich lassen zu müssen. Ein Begleiter ist hier seelisch stark gefordert, da die Verlust- und Abschiedsgefühle des Sterbenden sich leicht auf ihn übertragen. Deswegen ist es für die Begleiter von Sterbenden so überaus wichtig, sich vorher über diese Gefühle selbst Klarheit verschafft zu haben. Diese sollten niemals in die Beziehung zum Patienten mit einfließen. Ein Begleiter sollte sich abgrenzen können und gleichzeitig Verständnis für die Situation des Sterbenden aufbringen. Dessen Weg führt durch Depression, Verzweiflung und Angst, die ihm aber letztlich tiefe Einsichten in sein Leben vermitteln und Unerledigtes zur Klärung bringen. Seine Auseinandersetzung mit Schuld sowie den Konflikten seines Lebens fördert das individuelle Loslassenkönnen. Insofern ist es von außerordentlicher Wichtigkeit für den Begleitenden, die Lebensrückschau beziehungsweise -bilanz nicht zu werten. Das erfordert Ruhe, Geduld und Gelassenheit, besonders aber Respekt vor der individuellen Form des Abschiednehmens.

Der Patient wird nun unerledigte und ungeregelte Dinge zu einer Lösung bringen (Testament, Besitzüberschreibungen und

Ähnliches). Die positive Bewältigung des Sterbenden führt ihn zur letzten Stufe seines Lebensweges: in die Phase der Annahme.

Die typischen Merkmale der vierten Phase sind: Trauer, Tränen, Rückzug, depressive Erstarrung, Angst, Sinnfrage, Lebensbilanz. Entsprechende Äußerungen sind: «Ich schaue zurück! Es wird mir bewusst, was alles nicht mehr sein kann. Ich habe Angst vor dem Sterben! Was bleibt von mir ...?»

In der Begleitung ist es wesentlich, Tränen und Trauer zulassen zu können. Nicht ablenken oder vertrösten ist nun gefordert, sondern Verständnis, da sein und Hilfestellung bei Dingen, die noch erledigt werden können.

Fünfte Phase: Annahme

In dieser Phase ist der Sterbende psychisch und physisch sehr ermattet, aber er hat in sein Schicksal eingewilligt. Alle Ängste und Unsicherheiten sind verflogen, und der Sterbende nimmt seinen bevorstehenden Tod an oder kann ihn sogar als Erlösung betrachten. Ruhe und Zufriedenheit stellen sich ein, und er kann sich selbst sagen: «Ja, ich sterbe!»

Elisabeth Kübler-Ross sagte dazu: «Wenn man ihm gestattet zu trauern, wenn sein Leben nicht künstlich verlängert wird und wenn seine Familie gelernt hat, sich zu fügen, wird er imstande sein, in Frieden und Einverständnis zu sterben.»

In der *Begleitung* ist es nun wichtig, einfach da zu sein. Gerade jetzt braucht der Sterbende unsere Nähe. Manchmal ist es allerdings nicht leicht, zwischen echter Annahme des Todes und Resignation zu unterscheiden. Resignation kann sich hinter müder Zustimmung oder gar einem Sichaufgeben verbergen. Der Patient hat dann das Gefühl, nichts mehr tun zu können. In dieser Phase kurz vor dem Tod sollten Begleitende für ihn da sein und, wenn der Sterbende dies wünscht, seine Hand halten, damit er sich nicht alleine fühlt. Wichtig ist, ihm zu vermitteln, dass er gehen darf. Durch den erweiterten Bewusstseinszustand spürt der Sterbende ganz genau die Gefühle der Anwesenden, ob sie loslassen oder ihn zurückhalten wollen sowie alle Ängste und die Trauer des Abschieds.

Die typischen Merkmale dieser letzten Phase im Sterbeprozess der Annahme sind: ein friedlicher Zustand, Erschöpfung, Gelöstheit und große Sensibilität. Beispiele entsprechender Äußerungen sind: «Ich mache mir um das Morgen keine Sorgen! Der Tod macht mir keine Angst! Ich erlebe alles intensiv ...!»

In der Begleitung kommt es nun darauf an, sich Zeit zu nehmen und für den Sterbenden da zu sein, letzte Wünsche festzuhalten. Auch ein Rückzug ist zu akzeptieren, und natürlich ist Körperkontakt besonders wichtig.

Sterben

Wenn ich sterbe,
sei bei mir,
aber halte mich nicht.
Hör mir zu,
doch lass mich frei.
Entzünde eine Kerze
und lass
meine Seele fliegen
zu den Sternen.

Wenn ich sterbe,
öffne das Fenster.
Sei dir meiner Liebe gewiss!
Sie wird dich begleiten
in den Tagen deiner Einsamkeit.
Ich bin bei dir,
in deiner Innenwelt.

Wenn ich sterbe,
dann denke an mich
in Liebe.
Spüre:
Ich bin immer da.

5. Kapitel
Die unerledigten Geschäfte

Themen sterbender Menschen

Nachdem nun der äußere Phasenverlauf dargestellt wurde, soll hier kurz auf die wesentlichen Themen sterbender Menschen eingegangen werden. Im Sterbeprozess werden wir mit all unseren unerledigten Problemen konfrontiert. Die lebenslang unterdrückten Scham- und Schuldgefühle, alle Ängste, die unbewältigte Wut, der unterdrückte Zorn oder Hassgefühle steigen aus der eigenen Innenwelt auf und können einen sterbenden Menschen buchstäblich in den Wahnsinn treiben.

Es gibt nicht wenige Menschen, die an den aufsteigenden Emotionen zerbrechen und psychiatrisch behandelt werden müssen.

Je mehr Unerledigtes vorhanden ist, desto schwieriger gestaltet sich das Sterben eines Menschen. Insofern wäre es für jeden von uns überaus sinnvoll, möglichst frühzeitig die unerledigten Dinge im Hier und Jetzt zu bereinigen. Dann können sie sich gar nicht erst unüberwindlich anhäufen. All die Dinge, die wir naturgemäß lieber auf später verschieben, oder die wir nicht wahrhaben wollen, weil sie unbequem sind, sollten wir uns im Alltag bewusst machen. Wer seinen inneren Frieden sucht, findet ihn durch Annahme und Vergebung anderen und sich selbst gegenüber. Es kann nicht oft genug betont werden, wie überaus wichtig die Selbstvergebung ist.

Eine Krankenschwester erzählte mir: «Eine alte Frau befindet sich seit vielen Wochen in einem komatösen Zustand. Sie ist nicht mehr ansprechbar, kann aber nicht sterben. Die Schwester, die sie täglich besucht, erzählte dem Pflegepersonal, dass die Frau vor vielen Jahren ihre Kinder einfach verließ und nie nach Hause zurückkehrte. Keiner weiß, wo diese Kinder nun sind. Die Stationsschwester entschloss sich, mit der komatösen Patientin zu sprechen: ‹Ich weiß, dass Sie Ihre Kinder verlassen haben. Irgendwann werden sie verstehen, was Sie damals zu diesem Schritt bewog und wie sehr Sie heute darunter leiden. Vergeben Sie sich selbst für Ihr damaliges Handeln. Sie werden Ihre Gründe gehabt haben. Dann wird alles gut.› Die Frau, die vorher keinen Ton von sich gab, seufzt plötzlich auf und öffnet kurz die Augen. Wenige Minuten später starb sie friedlich.»

Wenn wir uns selbst die eigenen Fehler nicht vergeben können, bleiben wir in unserer seelischen Entwicklung stecken. Fehler gehören zu unserem Leben. Keiner von uns ist davon ausgenommen, und kein Lebender ist heilig oder perfekt. Wir verletzen Menschen manchmal, ohne es zu ahnen, ständig bewerten wir andere, und vor allem können wir oft den Mitmenschen nicht so akzeptieren, wie er ist. Letztlich geht es um die Erkenntnis, Unrecht getan zu haben. Wenn es uns gelingt, uns das einzugestehen, können wir an unseren Fehlern wachsen und an Liebesfähigkeit reifen. Zum beständigen Lernprozess des Lebens gehört die grundsätzliche Einsicht, fehlbar zu sein. Wer das für sich selbst akzeptieren kann, wird sich selbst auch vergeben können. Zu viele Menschen scheitern daran, dass sie sich selbst Fehler oder Unzulänglichkeiten nicht vergeben. Am einfachsten ist es immer, sobald die Erkenntnis reift, jemandem Unrecht angetan zu haben, dieses sofort zu bereinigen. Die Voraussetzung dafür ist Selbstvergebung.

Eine ganz einfache Übung in diesem beständigen Lebensprozess könnte es sein, am Ende eines Tages diesen kurz Revue passieren zu lassen. Ganz sachlich könnten wir die positiven und negativen Erlebnisse dieses Tages erkennen. Wenn wir jemanden bewusst verletzt haben, achtungslos oder respektlos einer Person gegenüber waren, könnten wir diese Dinge leicht am nächsten Tag bereinigen.

Im Sterben arbeitet jeder von uns sein Leben auf, ob es ihm nun passt oder nicht. Die Lebensbilanz, die nun gezogen wird, dient dem Bedürfnis des Sterbenden, mit sich selbst ins Reine zu kommen. Eines der großen Themen ist dabei Versöhnung. Wie viele Menschen können nicht sterben, weil sie sich sehnlichst mit einer bestimmten Person aussöhnen wollen.

Eine Sterbebegleiterin berichtet: «Ein etwa 45 Jahre alter Mann litt an einem tödlichen, inoperablen Magenkarzinom. Er hatte unerträgliche Schmerzen. Ich konnte täglich sehen, wie er weniger wurde, hatte aber das unbestimmte Gefühl, dass er noch etwas klären wollte. Also sprach ich ihn an, ob ich noch etwas für ihn tun könnte oder ob er noch etwas erledigen möchte. Plötzlich fing er bitterlich an zu weinen. Er erzählte mir, dass er nach dem Tod seiner Frau sich aus lauter Verbitterung mit seinem einzigen Sohn überworfen habe. Er war aber zu stolz gewesen, sich bei ihm zu entschuldigen. Er hätte in den letzten Tagen verstanden, wie wichtig es für ihn sei, ihn noch einmal zu sehen. Wir versuchten, den Sohn ausfindig zu machen, und dieser war sofort bereit, seinen Vater zu besuchen. Wenige Tage später starb der Mann friedlich im Beisein seines Sohnes.»

Die unerledigten Probleme unseres Lebens sind dabei Klippen, die den Sterbeprozess hinauszögern können. Es wird den meisten von uns nicht erspart bleiben, sich von den Traumata ihres Lebens zu befreien. Was auf dem Prüfstand steht, ist stets die Frage, ob wir Liebe gegeben oder zurückgehalten haben. Unser ganzes Leben pendelt zwischen Liebe und Mangel an Liebe, genau wie wir das von unzähligen Menschen mit Nahtoderfahrungen bei der Lebensrückschau wissen. So gesehen geht es um die Eigenverantwortung des Menschen schlechthin. Je genauer wir unseren eigenen Schwächen und Fehlern ins Auge sehen können, desto eher erreichen wir Selbstannahme und Selbstvergebung. Sterbende können im Angesicht ihres Todes nicht länger die Dinge zur

Seite schieben. Jeder stirbt seinen eigenen Tod, und so mancher weigert sich vehement, sich selbst ins Gesicht zu schauen. Das bedeutet, dass wir selbst durch das Leben, welches wir führen, darüber entscheiden, ob wir einen langen harten Sterbeprozess erleben oder eines Tages der Tatsache unseres Todes gelassen ins Auge sehen können. Wir haben die Wahl.

Die Frage nach dem Sinn

Sterben ist häufig ein lang andauernder Prozess, wobei viele Menschen körperlich und seelisch unendliches Leid ertragen müssen. Dabei stellen sie sich und ihren Begleitern in häufig radikaler Weise die Frage nach dem Sinn ihres Leidens. Sie bringen die gefühlte und erfahrene Sinnlosigkeit ihrer Schmerzen und Nöte und ihre persönliche Ausweglosigkeit zum Ausdruck. Dabei werden sie von den Begleitern nur zu gut verstanden, da die scheinbare Sinnlosigkeit eines schweren Leidens auch im Außen so empfunden wird. Das drückt sich bei dem Patienten in der Frage des Warum aus: «Warum ich?» – «Warum muss ich so leiden?» – «Warum habe ich solche Schmerzen?» – «Warum lässt Gott das zu?»

In solchen Situationen des Leidens, des Alleinseins und des Ausgeliefertseins, der Schmerzen und des enormen Gefühls von Sinnlosigkeit ist die Situation auch für einen Sterbebegleiter schwer zu ertragen. Beim Patienten führt das zu Depressionen, zur Resignation und dem Wunsch, sterben zu wollen.

Grundsätzlich sollten wir erkennen, dass jeder noch so schein-bar sinnlosen Situation im Leben ein spezifischer Sinn inne-wohnt, auch wenn wir diesen nicht immer erkennen können. Jede Lebenskrise, sei sie körperlicher Natur (Leiden, Schmerzen), seelischer Natur (Depressionen, psychische Erkrankung) oder sozialer Art (Isolation, Arbeitslosigkeit, sozialer Tod) birgt für den Einzelnen, der sie ertragen muss, einen einzigartigen, unverwechselbaren und unübertragbaren Sinn in sich. Wichtig zu wissen ist es, dass dieser tiefere Sinn des Leidens nicht vom Begleiter benannt werden sollte, sondern nur vom Leidenden selbst erkannt werden kann. Dann ist es möglich, dass der Patient zu einer Akzeptanz seiner Situation gelangt.

Durch eine Sinnkrise kann ein Mensch sozusagen an den tiefsten Punkt seiner menschlichen Existenz gelangen. Indem er sie durchschreitet, kann sich durch die Erkenntnis eines verborgenen Sinns mitunter Gelassenheit und Frieden einstellen. Dieser Prozess kann einen Patienten in Berührung mit dem Göttlichen bringen. Nun wird es möglich, das Leiden zu transzendieren, was zu einer tiefen Wandlung beziehungsweise Persönlichkeitsveränderung führen kann. Der Patient macht dabei die Erfahrung, dass er von etwas Höherem außerhalb seines Ichs berührt wird, was wir auch als spirituelle Erfahrung bezeichnen. Deshalb kommt es im Sterbeprozess häufig zu tiefen Gotteserfahrungen, die letztlich zu einer Beruhigung des Patienten führen. Diese sich wiederholenden Erlebnisse Sterbender zeigen, dass wir mehr sind als nur unser Körper.

Eine Frau berichtet nach einer schweren Operation: «Ich hatte so schlimme Angst vor all den übermächtigen Apparaturen um mich herum und dazu das schleichende Gefühl, gestorben zu sein, wie lebendig tot, wie lebendig begraben. Das ist wohl schrecklicher als der wirkliche Tod. Alles war da wie tot, alles nur noch lächerlich: Die Ärzte und Operationsschwestern wirkten eigentlich unwirklich, bis ich plötzlich wie in mir drin eine Flöte hörte. So wie mein Mann für mich zu Hause Flöte gespielt hatte. Die Flötentöne waren einfach da, als würde Gott sagen: ‹Hab Vertrauen, ich bin da. Atme!› Dann war es plötzlich einfach anders, lebendig.»[25]

Der egozentrische Zeitgeist mit dem Ideal des emanzipierten und seiner selbst bewussten Menschen sollte nicht darüber hinwegtäuschen, dass dieses Ich längst nicht so in sich gefestigt ist, wie es den Anschein macht. Die kleinste Krise vermag uns absolut in Frage zu stellen.

Die Sinnfrage stellt sich im Sterben des Menschen umso dringlicher, je weniger wir uns damit im Leben auseinandergesetzt haben. Die Frage nach der Sinnhaftigkeit allen Geschehens gehört zum Menschsein und ist unumgänglich. Jede Krise unseres Lebens stellt eine Herausforderung dar, ebenso wie jedes Leiden, jeder Schmerz und jeder Verlust. Wir haben in jeder Situation unseres Lebens die freie Wahl. Wir können den Kopf in den Sand stecken und die sich auftürmenden Probleme verdrängen. Oder wir können den Schmerz annehmen, ihn durchschreiten und ihn dadurch verwandeln. Dann können wir erkennen, dass der Sinn unseres Lebens darin besteht, seelisch und geistig zu wachsen. Je mehr ein Mensch die Windstürme seines Lebens bewusst durchschritten hat – es gibt keinen einzigen Menschen, der nicht in irgendeiner Form Leid und Verlust erfährt –, desto weniger wird er die Sinnfrage im Sterben für sich noch zu beantworten haben. Er kann dann friedlich sterben.

Die Erfahrung von Lebenskrisen und ihrer Bewältigung zeigt, dass jeder von uns seine *eigenen, individuellen Sinndeutungen* finden muss. Durch ein solches Wissen entsteht ein Respekt vor der Einzigartigkeit jeden Lebens. Je mehr wir die Auseinandersetzung mit unseren Schattenseiten zulassen können, umso einfacher können wir uns selbst annehmen. Gerade die Situationen im Leben, von denen wir im Nachhinein sagen würden, dass wir nicht geglaubt hätten, sie durchstehen zu können, führen in letzter Konsequenz zu Reife, Wachstum und der Einsicht in einen höheren geistigen Sinnzusammenhang. Wenn wir vor vielen unangenehmen Dingen des Lebens die Augen verschlossen haben und sie nicht wahrhaben wollten, dann wird dieses Unbewältigte im Sterbeprozess unser Bewusstsein überfluten. Je mehr wir verdrängen, desto mehr Sorgen und Ängste quälen uns ein Leben lang.

Wenn wir erkennen, dass wir hier sind, um auch Fehler zu machen, müssen wir nicht immer perfekt sein wollen. Wären wir alle ganz und heil, also heilig, dann wären wir nicht auf dieser Erde inkarniert. Wir sind aber hier, um unsere Lektionen zu lernen, sie zu durchschreiten und zu verwandeln in neue Lebenseinsichten, die uns dann weiterführen. Solange wir leben, hören die Prüfungen nicht auf. Und das sind ganz unterschiedliche Lektionen für jeden von uns.

Jeder ist ein eigenständiges geistiges Wesen. Darin liegt die Einzigartigkeit jedes Menschen begründet. Daraus folgt, dass jeder von uns seine eigenen Lektionen zu lernen hat. Es ist die Lebensaufgabe eines Menschen, die zu diesem Ziel beiträgt und die individuell unterschiedlich ist. Ein Kind, das mit zwei Jahren stirbt, kann ebenso seine Lebensaufgabe erfüllt haben wie jemand, der 90 Jahre alt wird. Das Kind hinterlässt möglicherweise seelisches Wachstum in seiner Familie. Wir alle sind Teil eines großen Ganzen und somit in Sinn eingebunden. Nichts, was uns im Leben widerfährt, geschieht zufällig.

Alle Schmerzen, die wir ertragen müssen, sowie alles Leid, alle Not, Hilflosigkeit und Verluste unseres Lebens führen meistens zu Wendepunkten und Veränderungen. Dadurch vermögen wir, über unsere alltäglichen Begrenzungen hinauszuwachsen, da wir nun auf uns selbst geworfen sind. Indem wir einem schicksalhaften Geschehen einen individuellen Sinn verleihen, werden wir daran wachsen und an Erkenntnis reifen. Ebenso verhält es sich im Sterbeprozess, wenn der Patient die Sinnfrage stellt. Er möchte mit sich ins Reine kommen und seinem Leben einen Sinn verleihen.

Ein Begleiter kann in diesem Prozess den Sterbenden in seiner Sinnsuche lediglich unterstützen, indem er Gesprächsbereitschaft signalisiert. Dabei kann es um die Lebensgeschichte des Patienten mit all ihren positiven und negativen Aspekten gehen. In der Fülle eines vergangenen Lebens leuchten dann auch die zahllosen Krisen, die bewältigt wurden und die zu neuen Einsichten und Veränderungen geführt haben, als lichtvolles Beispiel von Sinnhaftigkeit auf. Alles, was im Leben wirklich durchdacht und durchlitten wurde, ist ein Bestandteil des Lebens – dieses und des kommenden.

Wenn wir einen Patienten dabei unterstützen, sich mit der eigenen Lebensgeschichte auseinanderzusetzen, wird es ihm möglich, die Aussöhnung mit Unerledigtem zu erlangen. Dieser Weg führt auch über die Selbstvergebung. Wer imstande ist, sich die Fehler seines Lebens einzugestehen, kann sich selbst verzeihen, weil er akzeptiert: «Ja, ich habe manchmal falsch gehandelt und andere verletzt.» Durch diese Erkenntnis kann der Sterbende sich vergeben und loslassen.

Wichtig für einen Begleiter ist es zu wissen, dass keine noch so liebevolle und einfühlsame Begleitung es einem leidenden Menschen ersparen wird, sich selbst mit seinen eigenen Lebensfragen auseinanderzusetzen. Dazu gehören Traurigkeit, Tränen und Selbstzweifel. Dies sollte nicht vertröstet, übertüncht oder verdrängt werden, da sich der Patient seinen Problemen stellen muss, um den tieferen Sinn zu erkennen. Niemals können wir einem anderen Menschen Leiden ersparen. Insofern ist es wichtig, einfach da zu sein und vor allem nicht zu werten. Die Wahrung einer inneren Distanz seitens des Begleiters ermöglicht es dem Sterbenden, mit sich ins Reine zu kommen.

Die Konfrontation mit der Angst

Wenn ein Mensch sehr viel Angst vor dem Tod hat, leidet er ebenfalls an einer Angst vor dem Leben. Angst gehört zum Menschen: Sie ist eine Emotion, ein Gefühl, ein Affekt. Angst ist auch notwendig, weil sie uns signalisiert, dass wir uns in Gefahr befinden. Sie weist uns häufig darauf hin, etwas in unserem Leben zu verändern. Die Angst kann zu einem Signal oder Aufruf werden, eine Lebenssituation zu verändern, und insofern auch positiv die Zukunft bestimmen.

Andererseits kann die Angst des Menschen auch als unterdrückte Wut oder Verzweiflung über nicht gelebtes Leben zu einer Krankheit führen und damit zur Bedrohung werden. Je mehr unerledigte Dinge wir angehäuft haben, desto mehr können Ängste zu Depressionen oder schweren Panikattacken führen. In diesen Fällen behindert die Angst das natürliche Selbstwertgefühl.

Unsere häufigsten Ängste sind gefürchtete Verluste aller Art oder der Tod eines Angehörigen. Die Angst vor Misserfolgen oder dem Verlust des Arbeitsplatzes ist weit verbreitet. Brüchige Beziehungen oder die generelle Angst vor Veränderungen bestehender Strukturen zeigen, dass es im Leben mitunter wenig Sicherheiten gibt. In Todesnähe treten alle Ängste eines Menschen, vor denen er immer davongelaufen ist, in sein Bewusstsein.

Die auftretenden Ängste sind zu unterscheiden. Viele Sterbende haben verständlicherweise große Angst vor Schmerzen, vor dem Verlust der Körperfunktionen, vor dem Ausgeliefertsein im Krankenhaus oder Pflegeheim. Alle lebenslangen Zwänge, Verdrängungen und Ausflüchte brechen zusammen und müssen ertragen und hingenommen werden. Das kann zu sehr chaotischen Gefühlen führen, weil Angst wahrgenommen werden will. Im Augenblick der größten eigenen Schwäche, wenn die Lebensenergie nachlässt und sich unbekannte Bewusstseinszustände einstellen, erlebt der Sterbende ein Hin- und Herpendeln extremer Gefühle. Dabei wird er vor allem von den Schreckensbildern der eigenen Innenwelt gepeinigt.

Eine weitere große Angst ist die Angst vor der Einsamkeit und dem Alleingelassenwerden. Die Angst vor dem Tod ist dabei oft mit schmerzhaften Erfahrungen unseres Lebens verbunden; wir haben jemandem vertraut, wir haben geglaubt, dass ein bestimmter Mensch uns liebt, wir haben gegeben und wurden bitter enttäuscht. Deswegen vertrauen wir nicht mehr, weil wir glauben, dass wir nicht geliebt werden und uns somit nicht angenommen fühlen. Wirkliche, wahrhaftige Liebe vertreibt jede Angst.

Das Sterben ist die Zeit der Lebensbilanz sowie eine Zeit schonungsloser Offenheit. Die Veränderung des Bewusstseins und des Mitteilungsvermögens verunsichert viele Patienten und produziert Abwehr und Angst. Die Kontrolle über das eigene Leben und das Geschehen um einen herum geht verloren. Da nun vor allem die dunkle Seite einer Persönlichkeit ins Bewusstsein tritt, überrascht es wenig, dass Wut und Zorn den Sterbenden beherrschen können. Er mag dann auf seine Umwelt verletzend wirken, und doch können diese Momente der Klarheit über sich selbst zur größten Lehre des Lebens werden.

Die Bewusstseinserweiterung, die der Sterbende erfährt und die ihn mit göttlichen Kräften konfrontiert, kann auch zur Angst und Auflehnung gegen sein Schicksal führen.

Es ist eine Urangst des Menschen, dass er sich vor dem nicht Greifbaren, dem Göttlichen oder Heiligen fürchtet. Je mehr ein Sterbender die Bilder seiner Seele als bedrohlich empfindet, desto stärker kann dadurch ein überwältigendes Gefühl von Machtlosigkeit, Verlorenheit oder Ausweglosigkeit entstehen. Das zeigt sich ebenfalls in entsprechenden Nahtoderfahrungen. Letztlich erlebt die Seele all jenes, was sie durch ihre Gedanken geprägt hat. Wenn ein Bewusstsein in den Bereich der Angst führt, werden genau diese Bilder aus der Angst gespeist. Das Licht ist dann nicht mehr weich, sondern wird blendend und unerträglich. Das Ich ist sich seiner Panik bewusst und bittet um Hilfe. Das Gefühl der Schuld, der Angst vor Strafe oder der Vernichtung wird übermächtig. In zahlreichen Nahtoderfahrungen, die anfänglich die Betroffenen mit der eigenen Angst konfrontieren, löst sich diese in Vertrauen auf, genauer gesagt: Gottvertrauen, sobald sie ihre Ängste loslassen.

Wenn ein Mensch im Sterbeprozess seinen eigenen tiefsten Wahrheiten ins Gesicht schaut, erlebt er Bilder und Ängste von der Hölle, dem Fegefeuer, dem Jüngsten Gericht sowie buchstäbliches Heulen und Zähneknirschen. Wenn sich das sterbende Ich diesen Bildern, genauer ausgedrückt: seinem Untergang stellt, wird seine Angst zum Durchgangspunkt des Göttlichen. Durch die Durchschreitung der dunkelsten Nacht der Seele erfolgt eine tiefe Wandlung. Dem Patienten öffnet sich nach langem Aufbäumen der tiefere Bereich seiner Erlösung: Er weiß nun, dass er von guten Mächten getragen wird.

Der eigentlich spirituelle Prozess des Sterbens wird ihm nun bewusst. Der Sterbende weiß plötzlich, dass er keine Angst zu haben braucht. Nun ist es möglich, den Frieden mit Gott zu schließen und Grenzerfahrungen zu erleben, die zu einer Verschmelzung mit dem lebendigen Licht führen. Meister Eckhart drückte diesen Wandlungsprozess in seinen deutschen Predigten vortrefflich aus: «Fürchtet man den Tod und hält ihn zurück, dann sieht man Teufel, die einem das Leben entreißen. Ist man jedoch zufrieden und im persönlichen Einklang mit sich selbst, verwandeln sich die Teufel in Engel.»

Deutlicher kann die Wandlung zwischen Angst und Annahme des Sterbens nicht mehr ausgedrückt werden. Die Angst ist stets ein Durchgangspunkt. Wenn sie durchschritten ist, öffnen sich die Bereiche des Göttlichen.

Schmerz

Den Schmerz verleugnen,
führt in Bitterkeit
und Abgründe der Finsternis.

Den Schmerz erkennen,
bedeutet zulassen können
und neue Hoffnung schöpfen.

Nur wer durch den Schmerz hindurchgeht,
befreit sich vom Gestern
und bereitet den Weg des Hier und Jetzt.

Den Schmerz annehmen,
ist der Weg der Läuterung
zum Licht der Erkenntnis:
Schmerz ist Wachstum.

6. Kapitel
Sterbebettvisionen – häufig auftretende Phänomene im Sterbeprozess des Menschen

Sterbeerlebnisse in der Geschichte

Das innere Geschehen beim Sterben des Menschen ist von universellen Phänomenen geprägt, die auf der ganzen Welt ähnlich erlebt werden. Durch die Lockerung der Seele vom Körper erleben Sterbende ähnliche Erweiterungen des Bewusstseins wie in den Nahtoderfahrungen. Sie sind dadurch imstande, Verstorbene, Lichtwesen oder jenseitige Gegebenheiten zu schauen.

Diese sogenannten Sterbebettvisionen sind zu allen Zeiten und in allen Kulturen über die Jahrhunderte hinweg reichlich dokumentiert worden. Die Seelenreisen in Jenseitswelten durch die Überschreitung der Schwelle des Todes sind ein wesentlicher Bestandteil der Weltliteratur.

Das Leben nach dem Tod hat die Menschen schon immer fasziniert. Die heute in der Sterbeforschung berichteten Erlebnisse sterbender oder klinisch tot gewesener Menschen stehen also in einer langen Tradition. Sie sind keineswegs eine Neuentdeckung unserer Zeit.

Schon die klassische griechische Antike kannte die Berichte von Wiederbelebten, wobei einer der bekanntesten erhaltenen Sterbeberichte die Jenseitsfahrt des Kriegers Er ist, die in Platos Staatslehre («Politikon») aufgenommen wurde. Im frühen Christentum erlangten die Mitteilungen von Menschen, die an der Schwelle des Todes gestanden hatten, verstärkte Aufmerksamkeit. Die zahlreichen Apokalypsen, die in den zwei Jahrhunderten vor und nach Christus entstanden, beruhen in ihrer Struktur teilweise auf der Kenntnis echter Sterbevisionen. Himmel und Hölle, die Belohnungen und Bestrafungen der Welt nach dem Tod, tauchten dann vor allem als Motive in den echten Sterbeberichten des Mittelalters wieder auf.

Im Mittelalter erfahren wir so gut wie ausschließlich von Personen der Glaubenswelt, die den Sterbenden erschienen, so vor allem Jesus Christus, oft in Begleitung seiner Mutter Maria. Auch Engel und Heilige sind Bestandteil dieser Berichte. Noch häufiger aber waren die Erscheinungen von Dämonen und Teufeln, welche die Seele in die Hölle bringen wollten. Der Mensch erlebte auf seinem Sterbelager immer wieder neue Versuchungen. Typisch dafür ist ein Bericht aus dem 13. Jahrhundert: «Und als die Zeit herannahte, dass sie sterben sollte, da erschienen ihr unser Herr und unsere Frau und versicherten ihr, dass sie bestimmt nicht an eine Peinstätte kommen sollte. Und da versuchte der böse Geist, ob er nicht etwas ausrichten könne, und kam ganz grauenvoll zu ihr und erschien ihr so lang, dass sein Kopf bis an die Zimmerdecke reichte. Da erschrak sie aufs heftigste.»[26]

Dennoch lassen sich durch einen Vergleich heutiger Sterbeerlebnisse mit denen des Mittelalters grundsätzliche Erfahrungsmuster feststellen, die von allen Menschen beim Sterben gemacht werden. Diese gleichartigen Berichte wurden jedoch in den verschiedenen Kulturen unterschiedlich interpretiert und ausgedrückt.

Erscheinungen auf dem Sterbebett sind meistens relativ kurze, einphasige Phänomene. Die Erscheinung wird vom Bett aus in der realen Umgebung des Sterbenden von ihm wahrgenommen. Kurz nach dem Auftreten derartiger Phänomene sterben die meisten. Es handelt sich also dabei nicht um außerkörperliche Erfahrungen.

Bei den echten Visionen hingegen verlässt die Seele stets den Körper, um in andere Erlebniswelten zu reisen. Das ist besonders bei den heutigen Nahtoderfahrungen der Fall. Ähnliche Visionen, wie sie heute beim klinischen Tod auftreten, finden sich im Mittelalter in der entsprechenden Visionsliteratur. Hier ein Selbstzeugnis des englischen Missionars Bonifatius (672–754):

«Er sagte nämlich, dass er durch den Schmerz der heftigen Krankheit plötzlich der leiblichen Schwere entledigt gewesen sei. Und das sei vergleichsweise am ehesten so, wie wenn die Augen eines sehenden und wachen Menschen mit einem völlig dichten Tuch verschleiert würden und das Tuch plötzlich weggenommen würde und dann alles klar wäre, was vor dem ungeschaut und verschleiert und unbekannt war. So sei ihm, als der Schleier seines irdischen Fleisches fiel, die ganze Welt insgesamt vor seinen Blicken gewesen. Und nach seinem Austritt aus dem Körper hätten ihn Engel von so intensiver Klarheit und Helle empfangen, dass er sie wegen der allzu großen Helligkeit überhaupt nicht anschauen konnte. Sie sangen mit fröhlichen und harmonischen Stimmen und erhoben mich hoch in die Luft.»[27]

Ein weiteres Beispiel aus der Merowingerzeit: «Von zwei Engeln wurde ich in die Himmelshöhe erhoben, sodass ich nicht nur diese schmutzige Welt, sondern auch Sonne und Mond, Wolken und Sterne unter meinen Füßen zu haben meinte. Dann wurde ich durch ein Tor, heller als dieses Licht, in jene Wohnstadt geführt, in der der ganze Boden wie von Gold und Silber strahlte, ein unaussprechliches Licht, eine unbeschreibliche Weite! Durch eine riesige Menge gelangten wir an einen Ort, über dem eine Wolke hing, heller als jedes Licht, und eine Stimme ging von dieser Wolke aus ...»[28]

Verblüffend sind die fast gleichlautenden Formulierungen in den Beschreibungen des Lichts und der paradiesischen Landschaften. In späteren Zeiten ging das Interesse an Jenseitsschilderungen merklich zurück. Die katholische Kirche wies derartige Schilderungen in den Bereich der Privatoffenbarungen. Durch den zunehmenden Rationalismus des 19. und 20. Jahrhunderts verstärkte sich die wissenschaftliche Skepsis an den nicht erklärbaren Phänomenen.

Bis etwa in die Mitte des 20. Jahrhunderts hinein starben die

Menschen im Kreise ihrer Angehörigen, Nachbarn und Freunde meistens zu Hause. Sie wussten dadurch von der Existenz der Sterbephänomene, die erwartet oder gar freudig begrüßt wurden. Für viele Menschen vermittelte das Beisammensein am Sterbebett die Gewissheit des Fortlebens. Wenn der Sterbende dann von der Anwesenheit verstorbener Familienmitglieder berichtete, wurde dieses Geschehen weitererzählt, manchmal von Generation zu Generation. Die Menschen wussten, dass sie abgeholt werden.

Die heutige Situation

Das änderte sich durch die Verlagerung des Sterbeortes ins Krankenhaus oder Pflegeheim und nicht zuletzt dadurch, dass die Familiengefüge brüchig geworden sind. Viele Menschen sterben heute alleine.

Früher galten die auftretenden Phänomene als die eigentlichen Boten des Todes. Durch die Lockerung der Seele verändert sich die Wahrnehmung des Sterbenden, und er ist imstande, die uns stets umgebende geistige Welt zu schauen. Der Patient weiß dann auch, dass er sterben wird.

Hier nun ein typisches Beispiel, wie es von Angehörigen, die Zeuge eines solchen Erlebens werden, auch heute immer wieder berichtet wird:

«Mein Vater, 84, wusste nach einer schweren Herzoperation, dass er sterben muss. Er war in einer sehr deprimierten und hoffnungslosen Stimmung. Ich ging jeden Tag zu ihm ins Krankenhaus. Eines Tages bemerkte ich, wie seine Augen anfingen zu leuchten. Er hob seine Arme auf ein imaginäres Ziel hin, als ob er jemanden empfangen wollte. Behutsam fragte ich ihn, ob er jemanden sehe. Mein Vater antwortete mit einer Freude und Seligkeit: ‹Die Mama ist da. Sie will mich abholen.› Er war zum ersten Mal wieder glücklich und zufrieden. Nur eine Stunde nach dieser Erscheinung meiner Mutter starb er friedlich.»

Derartige Visionen Sterbender sind ein integraler Bestandteil des Sterbeprozesses. Sie hat es immer schon gegeben. Sie sind ein unmittelbares Erleben und unterscheiden sich erheblich von zusammenhangslosen oder verworrenen Halluzinationen. Visionen der Anderswelt werden bei vollem Bewusstsein erlebt, da sich die Sterbenden nun zwischen dieser Welt und der nächsten bewegen. Inhaltliche Vergleiche zwischen Nahtoderfahrungen und den Sterbebettvisionen belegen erstaunliche Übereinstimmungen: außerkörperliches Erleben, der Tunnel oder Dunkelheit als Übergang in die jenseitige Welt, Lichtphänomene, paradiesische Landschaften, Lebensrückschau oder die Begegnung mit Verstorbenen und Lichtwesen. Ähnlich sind auch die Auswirkungen auf den Sterbenden. Die meisten reagieren mit Gelassenheit, Frieden und Verlust der Angst vor dem Tod. Sie akzeptieren dadurch ihren Tod und können nun loslassen. Bei vielen Patienten treten diese Visionen kurz vor dem Tod ein.

«Plötzlich öffneten sich ihre Augen. Sie rief ihren verstorbenen Mann bei seinem Namen und sagte, dass sie im Begriff sei, zu ihm zu kommen. Sie hatte das friedlichste und schönste Lächeln auf dem Gesicht, gerade so, als würde sie in die Arme eines Menschen eilen, an den sie ständig dachte. Sie sagte: ‹Guy, ich komme.› Sie schien nicht zu bemerken, dass ich anwesend war. Es war fast, als wäre sie in einer anderen Welt. Es war, als wenn sich ihr etwas Wunderschönes offenbart hätte. Sie erlebte in diesem Augenblick etwas Wundervolles und Herrliches. Kurze Zeit später starb die Frau.»[29] Derartige Berichte sind in der Forschung seit langem dokumentiert worden. Äußerlich gesehen gleiten viele Sterbende durch ein Koma in den Tod, ohne sich offenbar dessen bewusst zu sein. Andere wiederum sind bis zum Schluss bei klarem Bewusstsein. Sie berichten dann den Umstehenden von ihren Erfahrungen, bevor sie sterben.

«Eine 70-jährige Patientin hatte ihren verstorbenen Ehemann

schon mehrere Male gesehen, als sie schließlich ihren eigenen Tod ankündigte. Sie sagte, dass ihr Mann am Fenster erschienen sei und ihr bedeutet hätte, aus dem Haus herauszukommen. Der Grund für seine Besuche war, dass sie sich ihm anschließen sollte. Zu diesem Zeitpunkt waren ihre Tochter und ihre Verwandten bei ihr. In deren Anwesenheit kündigte sie ihren eigenen Tod an, holte ihre Sterbekleidung aus dem Schrank, legte sich für ein Nickerchen hin und verschied etwa eine Stunde später. Sie erschien ruhig in ihren Tod ergeben, und sie wollte auch wirklich sterben. Sie hatte nie von ihrem bevorstehenden Ende gesprochen, ehe sie die Erscheinung ihres Mannes gehabt hatte.»[30]

Forschungsergebnisse

Karlis Osis und Erlendur Haraldsson publizierten Ende der 70er Jahre, also parallel zu dem Buch von Raymond Moody über Nahtoderfahrungen, eine groß angelegte Studie über die Erlebnisse von Menschen auf dem Sterbebett. Die damaligen Beobachtungen von Tausenden von Ärzten und Pflegern in Amerika und als Vergleich in Indien zeigten in aller Deutlichkeit, dass diese Phänomene interkulturell nicht wegzudiskutieren sind.

Die wissenschaftliche Erforschung der Nahtoderfahrung in den vergangenen 30 Jahren bezeugt die erstaunlichen Übereinstimmungen mit den Beobachtungen beim Sterben des Menschen. Der Kode der Nahtoderfahrung verweist in seinem Kern auf die grundlegenden Erlebnismerkmale, die uns darüber Auskunft erteilen, wie wir alle sterben werden und was wir dabei erleben. Die Forscher Osis und Haraldsson konstatierten bereits in den 70er Jahren diesen Zusammenhang:

«Die Visionen auf dem Sterbebett können weder durch medizinische noch durch psychologische noch durch kulturelle Bedingungen wegdiskutiert werden. Zudem sind sie relativ unabhängig vom Alter, vom Geschlecht, von der Erziehung, von der Religion und von der sozialen Stellung des Betreffenden.»[31]

Fast 30 Jahre später kommt der holländische Kardiologe Pim van Lommel in seiner Nahtod-Studie (2001) zu einem identischen Schluss: «Was wir nun wissen ist, dass die üblichen Erklärungen für Nahtodeserfahrungen nicht stimmen. Sie treten nicht aufgrund von absterbenden Hirnzellen oder einer Veränderung der Blutzufuhr auf. Auch das Alter, Geschlecht, der Beruf oder die Religion spielen keine Rolle.»[32]

Im April 2002 führte van Lommel in einem Zeitschrifteninterview diesen Gedanken fort: «Sie hatten Gedanken und Gefühle und konnten sich an ihre frühe Kindheit erinnern. Sie hatten auch Wahrnehmungen außerhalb ihres Körpers und konnten ihrer Reanimation zuschauen. Die Theorie einer physiologischen Ursache muss also ausgeschlossen werden. Das ist der einzige Schluss, zu dem man kommen muss, wenn man auf unsere Ergebnisse schaut. Wenn es jedoch keine Gehirnfunktion mehr gibt, wie ein flaches EEG aufzeigt, gibt es doch noch 18 Prozent der Patienten, die ein volles Bewusstsein und Wahrnehmungs- und Erinnerungsvermögen haben.»[33]

Der heutige Mensch neigt dazu, die Sterbebettvisionen als Ergebnis des körperlichen Verfalls zu interpretieren. Nicht selten werden Patienten aus Angst mit Valium oder Narkotika behandelt. Dadurch wird das Kurzzeitgedächtnis ausgelöscht. Insofern werden die auftretenden Phänomene als Halluzinationen, geistige Verwirrung oder Folge starker Medikamente bewertet und damit abgetan. Immer noch gilt dieser natürliche Bestandteil des Sterbeprozesses vielen als groteskes und verrücktes Einzelerlebnis. In Wirklichkeit offenbart sich die universale Wahrheit, dass niemand von uns alleine stirbt und dass der Tod nur ein Übergang ist.

In den vergangenen Jahren kamen viele Menschen durch die Hospizbewegung mit Sterbenden in Berührung. Es gibt zahllose

Erlebnisschilderungen in vielen Büchern, welche die Beobachtungen der Forscher immer wieder bestätigt haben. Auch in meinen Vorträgen und Seminaren berichten die Menschen ständig
von ähnlichen Erlebnissen.

Der wichtigste Unterschied zwischen den Visionen Sterbender
und den Nahtoderfahrungen ist der, dass Sterbende die Visionen
von einem Ort der alltäglichen Welt aus betrachten. Im Außen ist
während des Erlebens keine sichtbare Veränderung festzustellen:
Puls, Blutdruck und Atmung sind normal. Die Visionen werden
also bei vollem Bewusstsein als reales Ereignis erlebt. Der Reali-
tätsbezug ist weder verzerrt noch verändert. Die Erscheinungen
verstorbener Verwandter oder Geistwesen sind also ein Teil der
persönlichen Wirklichkeit des Erlebenden. Sogar kleine Kinder
erleben derartige Visionen und haben danach keine Angst mehr
vor dem Tod. Elisabeth Kübler-Ross und der Kinderarzt Melvin
Morse haben diese Phänomene ausreichend in ihren Büchern dokumentiert. Die Sterbenden befinden sich in einem erweiterten
Bewusstseinszustand. Es kann vorkommen, dass sie gleichzeitig
mit uns, aber auch mit für uns nicht sichtbaren Personen kom-
munizieren. Sie wissen, dass der Tod kurz bevorsteht. Alle auftretenden Phänomene wurden vor allem in länger andauernden
Sterbeprozessen immer wieder beobachtet.

Die Angehörigen

In der Begleitung von nahestehenden Menschen sind Angehörige oft durch ihren eigenen Kummer abgelenkt. Sie wollen häufig
nicht akzeptieren, dass ein Familienmitglied sterben muss. Sie
sind geschockt und wollen der Wahrheit des nahenden Todes
nicht ins Auge blicken. Sie haben Angst, empfinden Wut und
Zorn, oder all diese Gefühle vermischen sich. Das ist der Grund

dafür, dass sie den Äußerungen der Sterbenden oft nicht zuhören können, da sie schon mit dem eigenen Trauerprozess beschäftigt sind. Dabei sind die Mitteilungen Sterbender über ihr geistiges Erleben gerade für die Angehörigen eine Möglichkeit, Frieden zu finden und loslassen zu können. Da wir aber mit unserem eigenen Schmerz des Abschiednehmens beschäftigt sind, bemerken wir oft die subtilen Hinweise auf das eigentliche Geschehen im Sterben nicht, oder wir wollen sie einfach nicht wahrnehmen und uns damit auseinandersetzen.

Regina Faerber schrieb: «Die Ankündigungen des Todes, das Geheimnis dieser Offenbarung als Hinweis für unser eigenes Leben, alle metaphorischen Lebensäußerungen schlechthin, werden nicht wahrgenommen oder für Unfug gehalten. Dabei sind sie das bedeutsamere Geschehen an einem Sterbebett. Auf sie können wir jedoch nicht hören, wenn wir zum Zeitpunkt ihres Erscheinens damit beschäftigt sind, ein neues ultramodernes Sterbebett zu bestellen oder den Schwerstkranken zweimal am Tag zu waschen.»[34]

Wenn wir die Ankündigungen des Todes erkennen wollen, erfordert dies von uns, einfach da zu sein und zuzuhören, was der Patient uns sagen will. Dafür ist Ruhe und Stille im Raum vonnöten. Das ist dann nicht mehr der Augenblick, den bevorstehenden Tod zu verleugnen oder zu beschönigen. Wenn ein Mensch akut im Sterben liegt, sollte er nicht länger von äußeren Dingen abgelenkt werden, wie das so häufig der Fall ist. Vor allem sollte eine unnötige Hektik, wie Zupfen an der Bettdecke oder ein eindringliches Bitten, doch zu trinken, vermieden werden. Der Sterbende braucht nun all seine Energie für den bevorstehenden Übergang.

1. Die Erscheinung Verstorbener

Das wohl wichtigste Phänomen im Sterbeprozess ist die *Gegenwart Verstorbener*. Dieses Erleben kann Wochen, Tage oder Stunden vor dem Tod berichtet werden. Die Erscheinungen von Verstorbenen auf dem Sterbebett sind meistens mit der Absicht verbunden, den Betreffenden abzuholen. Familienmitglieder kündigen also häufig den Tod an, manchmal auch als Vorahnung, wie das folgende Beispiel aufzeigt.

«Eines Nachts sah sie plötzlich ihre beiden, ihr im Tode vorausgegangenen Männer im Türrahmen stehen. Sie winkten mit den Händen, sie möge zu ihnen kommen, und zum Schluss sagten beide: ‹Beeile dich! Wir haben lange gewartet, wir kommen bald wieder und nehmen dich mit.› Acht Tage später starb die Frau.»[35]

Das Phänomen des Besuches beim Sterbenden durch Wesenheiten aus dem Jenseits ist interkulturell von der Sterbeforschung dokumentiert worden. Hierzu ein vergleichbarer Fall aus Indien:

«Er sprach oft über sie [seine Mutter] und über das, was er von seinen Brüdern und Schwestern gehört hatte. Er erzählte mit großer innerer Bewegung über sie und seinen Vater. An dem Tag, als er starb, hatte er kein Fieber, sagte aber zu seinem Vater: ‹Meine Zeit ist um. Meine Mutter ruft mich. Sie steht dort mit ausgebreiteten Armen.› In diesem Augenblick war sein Bewusstsein völlig klar. Er war sich seiner Umgebung bewusst und sprach bis zum letzten Moment mit seinem anwesenden Vater. Dann sagte er, indem er mit einer Hand seinen Vater festhielt und mit der anderen dorthin deutete, wo er seine Mutter sah: ‹Kannst du meine Mutter nicht sehen? Schau, meine Mutter ruft mich!› Dann starb er, wobei er sich seiner Mutter entgegenstreckte und dabei fast aus dem Bett fiel. Er war so glücklich, als er sie sah.»[36]

Wichtig ist es zu wissen, dass der sterbende Mensch die Anwesenden kennt. Sie fühlen sich angenommen und glücklich. Die Gegenwart der Verstorbenen wird in den meisten Fällen ohne Frage akzeptiert.

Verstorbene bilden also eine Art Empfangskomitee. Sie haben offenbar die Aufgabe, die Seele hinwegzutragen und den Sterbenden abzuholen. Sie versammeln sich um das Sterbebett und geben dem Patienten Zeichen, sich von seinem Körper zu lösen. Dieses Phänomen finden wir auch in den Nahtoderfahrungen. Raymond Moody berichtet von einer Frau, bei der zahlreiche verstorbene Freunde und Verwandte an der Decke des Entbindungszimmers schwebten, als sie ihren Körper während einer kritischen Situation bei der Geburt ihres Kindes verließ. «Ich sah wohl hauptsächlich ihre Gesichter und spürte ihre Gegenwart. Sie machten alle einen fröhlichen Eindruck. Es war ein freudiges Zusammentreffen, und ich hatte das Gefühl, dass sie gekommen seien, um mich zu schützen und zu führen. Fast schien es so, als ob ich nach Hause gekommen wäre und sie mich nun begrüßen und willkommen heißen wollten. Die ganze Zeit über empfand ich alles als leicht und schön. Es war ein wunderbarer und herzerfreuender Augenblick.»[37]

Bei den Nahtoderfahrungen gehört die Begegnung mit Verstorbenen zu den wesentlichen Inhalten eines solchen Erlebens. Die Betroffenen werden von vorangegangenen Angehörigen empfangen oder von ihnen auf ihrer Seelenreise begleitet. Als Begleiter der außerkörperlichen Reise haben die Verstorbenen manchmal auch die zusätzliche Aufgabe, den Betroffenen ins Leben zurückzuschicken, wenn die Zeit zum Sterben noch nicht gekommen ist.

Das Problem in der Begleitung ist heute, dass viele Menschen nicht vorbereitet sind auf diesen Aspekt des Sterbens. Angehörige oder Begleitende sind dann verunsichert und verabsäumen, auf den Sterbenden einzugehen. Sie trauen sich auch nicht zu fragen, wen die Sterbenden sehen. Dabei würden sie möglicherweise durch das Wissen, dass Verstorbene weiterleben, getröstet werden können. Wer sich mit diesen Themen näher beschäftigt und offen ist, wird in seinem Umfeld leicht auf ähnlich erstaunliche Fälle stoßen, wie wir es dem folgenden Beispiel entnehmen können. Diese Phänomene sind eine nicht zu leugnende Realität!

«Der junge Stefan hatte einen schweren Verkehrsunfall. Er zog sich erhebliche Rückenverletzungen zu und endete im Rollstuhl. Kurze Zeit später bekam Stefan eine Lungenentzündung, an der er unerwartet verstarb. Einige Wochen später erhielt seine Familie einen Brief, in dem ihr mitgeteilt wurde, dass Rolf, ein früherer enger Freund von Stefan, an Krebs verstorben war. Die Familie von Rolf wusste nicht, dass Stefan ebenfalls gestorben war. In dem Brief berichtete die Familie, dass Rolf kurz vor seinem Tod Visionen hatte, in denen er Stefan sah. Dieser wollte ihn abholen.»

2. Die Anwesenheit von Geistwesen

Neben dem Schauen jenseitiger Angehöriger werden aber auch *Geistwesen, Engel, Lichtwesen* oder die Gegenwart bestimmter religiöser Figuren, beispielsweise Heilige, Jesus, Maria und so weiter, gesehen, und das sogar von atheistischen Menschen.

Die junge Annette wurde in ein Hospiz eingeliefert mit Krebs im Finalstadium. Aufgeregt verkündete sie, dass sie keine Gebete, keinen Priester noch irgendwelche spirituellen Begleitungen wünsche: «‹Ich bin Atheistin. Ich glaube nicht an Gott und den Himmel.› Wenige Tage später klingelte sie nach der Schwester. Sie erzählte, dass sie einen Engel im Fenster gesehen habe. Sie spürte Wärme, Liebe und Nähe. Sie fühlte sich geliebt und wusste nun, dass jemand auf sie wartete. Lächelnd sagte sie zu ihrer Familie: ‹Das bedeutet, dass ich nicht alleine sterbe.› Wenig später starb sie friedlich.»

Der eigentliche Trost in einem solchen Bericht liegt in dem Wissen, dass niemand von uns alleine sterben wird. Wir werden abgeholt, egal unter welchen Umständen wir auch sterben mögen.

Die geistige Welt versucht, uns immer eindringlicher auf diese Tatsache hinzuweisen. Auch die millionenfachen Nachtodkontakte, die spontan erlebt werden, belegen, dass die Verstorbenen uns aufmerksam machen, dass sie nach wie vor existieren. In den Sterbebettvisionen wird ebenso auf das Vorhandensein der Engel hingewiesen. Diese sind Boten der Liebe Gottes oder Helfer beim Übergang in die feinstoffliche Welt. Das dokumentieren besonders eindrücklich auch die Erfahrungen von Kindern.

Eine Neunjährige erzählt: «Als ich in den Himmel ging, kam ich an all den Engeln vorbei, die ich gemalt hatte. Da war ein großes Tor. Davor standen zwei Engel, einer auf jeder Seite. Durch dieses Tor ging ich hindurch, und dort schwebten all die Engel. Alles war aus Gold und Silber. Jeder Engelstyp hatte andere Flügel. Wenn sie standen, sah man erst, wie groß die Flügel waren. Sie bedeckten sogar ihre Füße. Und rund um sie war lauter Licht.»[38]

Es ist offenbar eine Frage der Interpretation beziehungsweise der religiösen Sichtweise eines Erlebenden, ob Gott, Jesus, Heilige oder Engel erblickt werden. Die Tatsache des liebenden Lichts bleibt davon unberührt.

Ein nach einem lebensbedrohlichen Schock erwachter Mechaniker benutzt folgende Formulierungen, um das Lichtwesen zu bezeichnen: «Ich war bei einem Engel oder bei Gott oder bei irgendjemandem, mit dem ich vollkommen harmonierte. Ich war bei einem Geist oder Engel oder so. Ich weiß nicht, wer bei mir war.»[39]

Aus den vorliegenden Berichten lässt sich schließen, dass die meisten Menschen im Wesentlichen ähnliche Visionen haben. In Bezug auf die Auswertung interkultureller Sterbebettvisionen kommen Osis und Haraldsson zu folgendem Schluss: «Wenn ein Patient einen in Weiß gekleideten, von strahlendem Licht umgebenen Mann sieht, der eine unerklärbare Erfahrung von Harmonie und Frieden in ihnen auslöst, kann er diese Erscheinung verschiedenartig interpretieren: als Engel, als Jesus oder Gott; oder, wenn er Hindu ist, als Krischna, Schiwa oder Dewa.»[40]

3. Die Jenseitsvisionen Sterbender

Es gibt heute zahlreiche *Visionen* Sterbender, die uns Auskunft über die *jenseitige Welt* vermitteln. Wenn wir uns nun mit diesen Visionen näher auseinandersetzen wollen, muss angemerkt werden, dass ein solches Erleben von dem Patienten nur in die Sprache unserer Welt übersetzt werden kann. Eigentlich sind diese geistigen Zustände unbeschreibbar. Wir können aber nur von Bildern unserer eigenen Vorstellungskraft ausgehen. Insofern sind Metaphern wie Tor, Brücke, Blumen oder Gras durchaus materieller Natur. Die Schönheit der geistigen Welt indes ist als Erfahrung nicht wirklich auszudrücken. Für Farben beispielsweise, die es hier auf der Erde nicht gibt, existieren keine Worte, ebenso wie für alles Überirdische oder Außersinnliche. Verblüffend ist dennoch die Übereinstimmung in den Sterbebettvisionen und den Nahtoderfahrungen. Allen Visionen gemeinsam ist die Bedeutung für die betroffene Person: Die Einstellung zu Leben und Sterben verändert sich. Die Betroffenen verlieren ihre Angst und sterben friedlich.

«Die Patientin sagte: ‹Es sah wie ein großartiger Sonnenuntergang aus, sehr weit, wissen Sie, und wunderschön. Die Wolken schienen plötzlich Tore zu sein.› Sie empfand es so, als ob jemand sie plötzlich zu sich riefe und sie dorthin durchschreiten müsste. Es war sehr hübsch.»[41]

Die Umschreibung dafür, dass sich die Tore der geistigen Welt öffnen, werden sehr häufig berichtet. Eine Seminarteilnehmerin ergänzte: «Als meine Mutter starb, sprach sie immer wieder von den Himmelstoren, die sich auftaten. Dahinter sah sie ein strahlendes Licht, das heller war als alles Licht auf der Erde. Es war leuchtend und wunderschön, und alles, was Mutter erblicken konnte, erstrahlte in einem unirdischen Glanz. Kurz nach dieser Vision verstarb meine Mutter friedlich.»

In dieser Erzählung stoßen wir wieder auf das Licht, das am Ende des Tunnels, Überganges oder Tor auf uns wartet und auch in den Nahtoderfahrungen immer wieder beschrieben wird.

Auch das Hören von Musik als Vorgeschmack auf die andere Welt wird von Sterbenden beschrieben. Es ist stets mit einem harmonischen Erleben verbunden und führt zu Heiterkeit und Frieden.

«Als ich zurückkam, waren ihre Augen offen. Dann hatte sie diesen besonderen Blick in den Augen, war sich meiner Anwesenheit nicht bewusst, lächelte, hob den rechten Arm, als ob sie nach etwas greifen wollte, und wurde wieder ruhig. Sie schien irgendwo anders zu sein; ich kann es nicht erklären – irgendwie in eine andere Welt entrückt. Ich sprach mit ihr, aber sie antwortete nicht. Später erzählte sie mir, dass sie Orgelmusik und Engel in blendendem Weiß gesehen hätte. Sie lächelte noch strahlender, tief erfüllt von dem Ganzen.»[42]

Ob es sich bei den Ankündigungen des Todes um Verstorbene, Geistwesen, Engel oder Lichterscheinungen handelt, ist gleich. Entscheidend ist die Auswirkung auf den Sterbenden. Dieser fühlt sich angenommen und erwartet.

«Mein Mann hatte eine lange, schmerzhafte Krebserkrankung hinter sich. Er schien hinüberzudämmern, als er plötzlich erwachte. Er war sehr aufgeregt und sagte mir, dass er sich in einem wunderschönen Raum befunden habe, in dem alle, die er gekannt habe, auf ihn warteten. Besonders glücklich war er über die Anwesenheit seiner Mutter.»

Ein anderer Sterbender sprach davon, dass er jenseits des Flusses ein goldenes Licht sah. Aus all dem lässt sich schließen, dass der Tod für Sterbende einen Übergang in eine bessere, friedliche und befriedigende Form der Existenz darstellt. Menschen, die vorher gegen ihren sich nahenden Tod angekämpft haben, sind nun gelassen und sterben beruhigt. Sie haben die Angst vor dem Tod verloren.

Auch außerkörperliche Erfahrungen werden geschildert: «Ich hatte das Gefühl, als wäre ich aus meinem Bett herausgehoben. Ich konnte völlig frei in der Luft schweben und sah meinen ausgemergelten Körper von oben. Alle Begrenzungen waren aufgehoben, und vor allem waren meine Schmerzen verschwunden. Dann flog ich davon. Ich glaube, durch den Weltraum. Dann sah ich Wolken, auf die ich zuflog. Ich sah herrliche Bauten, die in ein strahlendes Licht gehüllt waren. Die außergewöhnliche Schönheit dieser Landschaften hat mich geradezu berauscht. Es war so schön dort, und alles war wirklicher als unser Leben. Es war alles voller Frieden.»

Auf dieser erweiterten Bewusstseinsebene des Sterbens kann es mitunter auch zu Spontanheilungen kommen. Diese sind in Verbindung zu setzen mit den Lichterfahrungen. Das Licht gilt heute in der Forschung als das transformierende Element. So kommt es besonders bei den Nahtoderfahrungen zu spontanen Heilungen.

«Sie sah einen wunderschönen Garten mit einem Tor. Gott stand dort, und ein Engel war in der Nähe. Sie hielt daran fest, dass ihr Gott erschienen war. Sie würde gesund werden, wenn sie in meiner [des Arztes] Obhut bliebe. Sie war gerade in meine Behandlung überstellt worden. Die Vision vermittelte ihr Heiterkeit und Vertrauen auf eine Gesundung. Tatsächlich wurde sie wieder gesund.»[43]

Entscheidend ist das erlangte Vertrauen in den größeren geistigen Sinnzusammenhang.

«Eine etwa 20 Jahre alte Krankenschwester litt an einem gefährlich erhöhten Blutdruck, der zu einem Schlaganfall führte. Sie sagte, dass sie Tore sah, die in ein weites Land, in einen unendlichen Raum führten. Sie fühlte den vollkommenen Frieden, keine Furcht, keine Sorgen. Als die Tore sich öffneten, begann ihr Zustand sich zu bessern. Ihre Sprache, die beeinträchtigt gewesen war, wurde klarer. Dieses Erlebnis beruhigte sie und beseitigte ihre Furcht vor dem Tod. Sie wurde geheilt. Psychologisch gesprochen waren die Tore real. Die Vision hatte Heiterkeit und Frieden zur Folge.»[44]

Ein Kulturvergleich zwischen Indien und der westlichen Welt, den Osis und Haraldsson durchführten, belegt, dass sich Jenseitsvisionen völlig unabhängig von der Kultur oder Religion in ihren Kernbeschreibungen decken. «Ein indischer Ingenieur erlitt einen Herzanfall. Er beschrieb Dinge, die in strahlend helles Licht getaucht waren und unmittelbar vor seinem Tod auf ihn zukamen. Er sagte: ‹Nun werde ich sterben. Bitte stört mich nicht. Keine Medizin.› Seine Stimmung wandelte sich in Heiterkeit und Frieden, und er starb innerhalb von zehn Minuten.»[45]

Die symbolische Sprache sterbender Menschen

In der Begleitung ist es daher außerordentlich wichtig, genau zuzuhören, was uns der Sterbende sagen will. Wenn jemand beispielsweise über einen ungewöhnlichen Traum von der Erfahrung mit der Unendlichkeit spricht, sollten wir aufhorchen. Derartige Erfahrungen sind oft gar nicht sprachlich fassbar, weil die Erfahrung der Ewigkeit oder Unendlichkeit sich unserem Verstand entzieht. Carl-Gustav Jung sagte einst nach einem Herzanfall: «Es ist unmöglich, die Schönheit und Intensität einer solchen Erfahrung zu beschreiben.»

Diese Aussagen kennen wir auch aus unzähligen Berichten von Nahtoderlebnissen. Das eigentliche Problem dabei ist, dass die mentalen und emotionalen Veränderungen Sterbender als Verwirrung oder Halluzination abgetan werden. Sie verunsichern Angehörige und Pflegepersonal, da sie nicht wissen, was sie tun sollen, was sie sagen könnten oder wie sie sich verhalten sollen. Wenn ein Sterbender von seinen Visionen spricht, denken Angehörige oder andere Begleiter, dass er aufgrund zu starker Beruhigungsmittel desorientiert ist. Je weniger das Pflegepersonal mit diesen Phänomenen umgehen kann, desto mehr neigt es dazu, die Medikamentenzufuhr noch zu erhöhen.

Das Wissen Sterbender
von ihrem bevorstehenden Tod

Ein Hauptgrund dafür, dass Sterbende nicht ernst genommen beziehungsweise verstanden werden, ist ihre symbolische Sprache. Ein Sterbender teilt in meist bildhafter Form mit, dass er weiß, dass seine Zeit zu gehen gekommen ist.

Ich möchte ein paar einfache, klare Beispiele dafür geben. Viele Sterbende machen sich kurz vor ihrem Tod Sorgen um ihre wirtschaftliche Absicherung oder um die Zurückbleibenden. Das kann ein Symbol für das innere Wissen vom bevorstehenden Tod sein.

«Eine schwer kranke Patientin bittet, entlassen zu werden, da sie Angst hat, dass der Klinikaufenthalt zu teuer wird. Ihre Nichte kann sie beruhigen, dass sie alles Finanzielle regeln wird. Die Patientin stirbt nach einigen Tagen.»

«Ein älterer Patient möchte das Krankenhaus verlassen, weil er sich sorgt, dass die Rente nicht weiter bezahlt werden würde. Nach einer Nacht erzählt er beruhigt einer Krankenschwester, die Rente sei ihm ausbezahlt worden. Er stirbt am gleichen Abend.»[46]

Auch der Wunsch, nach Hause zurückzukehren, kann sich auf die Geborgenheit der geistigen Welt beziehen: «Eine alte Bewohnerin spricht seit drei Tagen sehr bestimmt davon, dass sie aus dem Pflegeheim gehen und nach Hause zurückkehren wird. Sie würde sich dort um ihre Familie und ihre Tiere kümmern müssen. Jeden Morgen fragt sie die Pfleger, ob jetzt der Tag gekommen sei, wo sie heimkehren kann. Einige Tage später kehrt sie heim und ist ruhig gestorben.»[47]

Viele Patienten sprechen kurz vor ihrem Tod davon, auf Reisen zu gehen. Andere benutzen für diese Botschaft Metaphern aus ihrem Leben.

Ein junger Mann, Michael, liebte Boote. Kurz vor seinem Tod fragte er nach den Gezeiten, weil er verreisen wollte.

Ein anderer Mann, ein früherer Beamter, fragte die Umstehenden, ob seine Papiere und sein Pass bereit seien für seine Reise.

Was sich hier äußert, ist ein klares Bewusstsein des nahenden Todes. Wenn wir einem Menschen, der im Sterben liegt, mitteilen würden, dass wir ihn verstehen und ihn so bestärken, könnten wir ihm Frieden bringen. Wenn wir die Informationen Sterbender akzeptieren würden, könnten wir verstehen, was sie uns sagen wollen. Leider suchen wir häufig nach verstandesmäßigen Erklärungen oder versuchen, die Botschaften als unrealistisch abzuwerten.

Andere Bilder sind Kofferpacken oder sich auf eine Wanderung begeben. Auch Begegnungen mit der Natur, häufig im Traum, beinhalten den bevorstehenden Abschied.

«Als am Morgen der Pfleger ihn fragt, wie er geschlafen hätte, erzählte der 81-jährige Patient, dass er gar nicht geschlafen hätte. Er hätte ein wunderschönes Lavendelfeld gesehen und hatte dort eigentlich einige der Blumen pflücken wollen. Aber dann hätte er sie doch stehenlassen. Er wolle noch einmal dorthin zurückkehren. Der Patient stirbt noch am gleichen Tag.»

«Ein 18-jähriger Patient träumte von einem schmalen Heckenweg, der durch die Dünen zum Meer führte. Als er das Meer erreichte, ließ er sich erschöpft in den Sand fallen. Dann habe es Sterne geregnet. Er habe jetzt keine Angst mehr vor dem Sterben, meinte er zu einem Pfleger, aber er wolle gerne noch einmal zum Meer. Seine Eltern bemühten sich, eine Reise zum Meer zu arrangieren. Der junge Mann starb aber ruhig in der folgenden Nacht.»[48]

Hinter vielen dieser Beispiele steht die Vorstellung, gehen zu müssen. Wenn Sterbende vom Abgeholtwerden sprechen, steht der Tod meist kurz bevor. Insbesondere ist hierbei auf den erhöhten Symbolcharakter von Träumen zu achten.

«Eine junge Mutter liegt im Krankenhaus im Sterben. Sie kämpft gegen die Krankheit, da sie weiter für ihre kleinen Kinder da sein möchte. Eines Nachts ruft sie in Panik ihren Vater an und sagt, man würde sie abholen kommen. Sie sei in großer Gefahr und er müsse kommen, sonst würde sie mitgenommen werden. Der Vater und die ganze Familie bleiben abwechselnd bei der jungen Mutter. Als ihr Vater an ihrem Bett ist, fragt sie, ob sie denn mitgehen müsse. Der Vater sagt, sie dürfe gehen, wenn es so weit sei. Ein paar Stunden später stirbt seine Tochter.»[49]

Erst nachträglich erklären Angehörige, dass der Verstorbene sein Sterben geahnt habe. Diese Ahnung wurde aber nicht aufgenommen, und der Patient wurde damit isoliert und alleine gelassen. In einer Klinik kommt es oft vor, dass die medizinische Sprache der Befunde als Vermeidung der eigentlichen Realität des Sterbenmüssens erfahren wird. Insofern reagiert die Umwelt auf die Signale der Todesahnung beschwichtigend oder abwehrend.

Wenn ein sterbender Vater von seiner vor ihm verstorbenen Frau spricht, entgegnet sein neben ihm wachender Sohn möglicherweise: «Du weißt, dass Mutter schon seit Jahren tot ist. Sie kann nicht hier sein.» Oder: «Du träumst. Das kommt von den Medikamenten.» Derartige Äußerungen werden einen Sterbenden davon abhalten, mehr von seinen Erlebnissen aus der Innenwelt zu berichten.

Gerade bei Kindern und Jugendlichen zeigte sich, dass sie den Zeitpunkt ihres Todes selbst bestimmen: «Karl, ein 17-jähriger Junge, litt an einem therapieresistenten Rückfall seines Tumors. Er hatte zwar kaum Beschwerden, benötigte aber regelmäßige Bluttransfusionen. Von Mal zu Mal sah er schlechter aus. Trotzdem war er meist heiter und gelassen. Eines Tages fragte er mich: ‹Was passiert, wenn ich kein Blut mehr bekomme?› Ich erklärte ihm, dass er dann immer müder, irgendwann einschlafen und nicht mehr aufwachen würde. Eine Weile sagte er nichts und dachte nach. Und dann kam es leise: ‹Dann möchte ich ab jetzt kein Blut mehr bekommen. Können Sie das bitte auch meinen Eltern beibringen? Für die ist es ja so schwer. Aber ich kann nicht mehr.› Dann saß ich noch eine Weile an seinem Bett, ohne zu reden. Alles andere für ihn Wichtige war schon zwischen uns gesprochen worden. Die Eltern akzeptierten seine Entscheidung, die er selber treffen konnte, weil er Vertrauen in uns und seine Eltern hatte.»[50]

In der Begleitung ist es beim nahenden Tod vor allem wichtig, genauer hinzuhören, was Sterbende vielleicht noch brauchen, um ihr Leben vollenden zu können. Mancher sehnt sich nach Aussöhnung mit einem bestimmten Menschen, andere wollen letzte Verfügungen treffen. Wir müssen wieder lernen, offen mit einem sterbenden Menschen umzugehen, selbst wenn Sterben und Tod nicht in unsere Vorstellungen passen. Angehörige fragen sich oft voll Schrecken, ob der Betroffene weiß, dass er sterben wird. Typische Gedankengänge in solchen Situationen sind: «Sollte man ihm die Wahrheit mitteilen?» – «Sollte ich mit ihm reden?» – «Soll ich ihm sagen, dass es mir leidtut oder lieber so tun, als ob ich nichts weiß?» – «Wie soll ich mich verhalten?»

Gerade wenn Sterbende uns wissen lassen, dass ihre Zeit gekommen ist, sollten wir sie bestärken und in Frieden gehen lassen. Leugnen und Verdrängen sowie Festhalten kann den Sterbeprozess nur verzögern. Auf der anderen Seite fragt sich der Sterbende, wie es den Verwandten und Freunden wohl ergehen wird, die er nun zurücklassen wird. Er fragt sich: «Verstehen sie es? Sind sie bereit?»

Angesichts des kurz bevorstehenden Todes ist es geradezu erschreckend, wie unverständig sich zahlreiche Angehörige dem Geschehen gegenüber verhalten. Obwohl sie wissen, dass der Patient todkrank ist, wird die Möglichkeit des baldigen Todes dennoch weiterhin massiv verdrängt. So mancher versucht noch, im Verlöschen einen Menschen vom Gehen abzuhalten nach dem Motto: «Du kannst mich doch nicht alleine lassen!»

Die Ambivalenz der Einstellungen dem Sterben gegenüber zeigt sich umso deutlicher, als dass viele Menschen trotz eines langen Sterbeprozesses auf den eigentlichen Tod nicht vorbereitet sind.

Boten

Das Wort des Abschieds
ist verfügt
in Sternenbahnen
des Äonenlaufs.
Das Leben ist
nur ein kurzer Traum,
in Minuten gemessen,
des Ewigen.

Die Schwingen des Todes
sind Boten des Lichts.
Sie tragen uns
in Lichtwelten,
denen wir schon jetzt
angehören.

Das ist die Heimat:
nicht sichtbar, nicht hörbar,
manchmal spürbar.

Wenn der falsche Spiegel
des Diesseitsgewandten bricht,
treten wir ein
in jene ferne Wirklichkeit
jenseits des Weltenlaufs,
wo nur die Liebe zählt.

7. Kapitel
Was können wir noch tun?

Praktische Hinweise für die Begleitung

Als Angehöriger von einem Menschen, der im Sterben liegt, wünschen wir uns, ihm helfen zu können. Dabei geht es jedoch weniger ums Tun, sondern für jemanden da zu sein und zuhören zu können. Für einen Sterbenden ist Zuhören eine Brücke zwischen seiner Vergangenheit, Gegenwart und Zukunft. Er fühlt sich durch unsere Anwesenheit nicht so alleine. Wenn ein Betroffener zu der Einsicht gelangt ist, dass er sterben wird, ist er häufig verzweifelt. Wenn er dann Begleitende um Hilfe bittet und vielleicht fragt, was er denn jetzt in den verbleibenden Wochen noch tun kann, hier ein paar mögliche Antworten. Würden nur einige wenige Aspekte dieser Anregungen tatsächlich praktiziert werden, könnte sich die Situation sterbender Menschen erheblich verbessern.

- Wir können ihn zunächst auffordern, auf sein Leben zurückzuschauen. Gibt es noch Dinge, die nicht geklärt oder bereinigt sind? Sind noch irgendwelche Gespräche zu führen? Will er noch jemanden um Verzeihung bitten oder selbst jemandem verzeihen?
- Fragen Sie den Sterbenden, wie er sich seinen Tod oder das Jenseits vorstellt. Achten Sie dabei besonders darauf, dass er seine ganz persönlichen Vorstellungen äußert.
- Um den Prozess der Selbsterforschung zu beschleunigen, können

wir dem Patienten raten, alles auf ein Blatt Papier zu schreiben, was ihm einfällt. So kann er in seiner Seele aufräumen und Punkt für Punkt abarbeiten. Manch einer wird Briefe schreiben oder bestimmte Menschen anrufen. Wenn das nicht möglich ist, kann er es durch Selbstvergebung im eigenen Inneren klären. Wichtig dabei ist die ehrliche Erkenntnis der Versäumnisse und Fehler des sich dem Ende zuneigenden Lebens.

- Von großer Wichtigkeit für einen Sterbenden ist es, ihn sprechen und weinen zu lassen. Erlauben Sie als Begleiter dem Sterbenden, offen seine Gefühle auszudrücken, selbst wenn er verzweifelt oder depressiv ist.
- Fragen Sie ihn nach seiner Religion und machen Sie ihn darauf aufmerksam, zu seinem Gott zu beten. Das gibt Kraft. Unterschätzen Sie niemals die Macht eines Gebetes!
- Beziehen Sie einen komatösen Patienten immer in Ihre Gespräche ein. Bedenken Sie, dass er Sie möglicherweise hört.
- Erinnern Sie den Sterbenden an seine unsterbliche Seele. Wenn der Betroffene nach dem Leben nach dem Tod fragt, antworten Sie ehrlich, was Sie darüber wissen. Bieten Sie an, ihm etwas darüber vorzulesen oder eine entsprechende CD vorzuspielen.
- Um Frieden und Vollendung zu finden, können Sie den Sterbenden daran erinnern, dass er nach Hause geht. Drücken Sie aus, dass er dort erwartet wird.

Wenn der Tod sich dann naht, können Sie als Angehöriger die folgenden Dinge sagen, um Unerledigtes zum Abschluss zu bringen:

- Sprechen Sie offen und laut mit dem Patienten, was Sie ihm noch nicht gesagt haben, selbst wenn er komatös sein sollte.
- Drücken Sie ehrlich aus, was vielleicht noch zwischen ihnen steht. Seien Sie dabei sehr ehrlich und beschönigen Sie nichts.

- Akzeptieren Sie die Situation, wie sie ist, und hören Sie genau zu, was der Sterbende versucht, Ihnen mitzuteilen. Dann werden Sie erfahren, dass er weiß, dass er sterben wird.
- Lassen Sie das Leben des Sterbenden Revue passieren, und bereinigen Sie *Ihre* Last, indem Sie sie ausdrücken.
- Erklären Sie dem Patienten in aller Deutlichkeit, dass er sterben wird, damit sein Geist es versteht. Gegebenenfalls erklären Sie ihm, was beim Sterben mit ihm geschehen wird.
- Wenn Sie die Ruhe und Stille am Sterbebett aushalten, ohne etwas zu sagen, werden Sie bemerken, wie die Seele des Sterbenden zu Ihnen spricht.
- Sagen Sie dem Sterbenden, dass Sie ihn lieben, und wünschen Sie ihm eine gute Reise ins Jenseits. Lassen Sie ihn seinen Weg gehen und lassen Sie los.

Hier noch ein paar Hinweise zum Loslassen:

- Wenn sich jemand in Todesnähe befindet, sollte alles Beschönigende und Äußere keinen Raum mehr einnehmen. Es ist vielleicht die letzte Möglichkeit, Unerledigtes zu klären oder offen über den nahenden Tod zu sprechen.
- Jegliche Hektik oder unnützes Tun, wie beispielsweise ständiges Zurechtmachen des Bettes oder den Sterbenden zum Essen oder Trinken zu nötigen, ist unangebracht. Der Sterbende braucht nun vor allem Ruhe und Stille, um seinen Übergang in Frieden vollziehen zu können.
- Geben Sie dem Sterbenden stillschweigend oder laut vernehmlich die Erlaubnis gehen zu dürfen. Diese Ansprache ist wichtig und vermittelt, dass Sie loslassen.
- Sagen Sie einfach, dass Sie ihn gehen lassen: «Ich will, dass du glücklich bist, und weiß, dass du bald die Befreiung von Angst und Schmerz erleben wirst.»
- Man kann auch zum Ausdruck bringen, dass es ein Wiedersehen in der anderen Welt geben wird. Die Liebe geht immer

weiter und hört nie auf, wie auch eine Beziehung zu einem Menschen durch den Tod nicht beendet wird, sondern sich lediglich verwandeln muss.

- Sagen Sie dem Betroffenen, dass Sie auf der inneren Ebene immer bei ihm sein werden.
- Versichern Sie dem Sterbenden, dass es ihm und auch den anderen, die er nun zurücklässt, gutgeht.

Der Prozess der Ablösung der Elemente

Das verborgene Wissen um die Ablösung der Elemente vom Körper ist für Begleitende und Sterbende sehr hilfreich. Im Tibetischen Totenbuch wird genau berichtet, wie sich die Elemente Erde, Wasser, Feuer und Luft am Ende des Sterbeprozesses auflösen. Wenn wir diese Informationen laut und vernehmlich sprechen, kann der Sterbende bei seiner endgültigen Ablösung vom Körper verstehen, was mit ihm, seinem Geist und seinem Körper in diesem Augenblick geschieht. Auch den Angehörigen kann dabei die Angst vor dem Tod genommen werden. Die Genauigkeit der körperlichen Vorgänge, die sich im Sterbeprozess im Außen zeigen, wurde von den tibetischen Mönchen absolut treffend beschrieben. Es handelt sich hierbei um das eigentliche Sterben des Menschen.[51]

In der Phase der *Auflösung des Erdelementes* verliert der Körper seine Kraft. Die Energie hat uns nun verlassen, und wir können uns nicht mehr erheben, Dinge festhalten oder aufrecht stehen. Der sterbende Mensch hat das Gefühl, als ob er tief in den Boden hineinversinkt. Der bewusste Verstand hat vor diesem Verlust seiner Kontrolle über den Körper Angst und versucht, sich dagegen aufzulehnen. Manche wollen dann aufstehen oder bäumen sich auf, stöhnen oder schreien. Andere drehen sich im Bett oder werden sogar von Angehörigen oder dem Pflegepersonal später außerhalb des Bettes aufgefunden. Sterbende nutzen einfach jede Möglichkeit der Gegenwehr. In Wirklichkeit setzt nun der Austritt der Seele aus dem Körper ein.

Bei der *Auflösung des Wasserelementes* verliert der Sterbende die Kontrolle über seine Körperflüssigkeiten. Die Nase läuft, manche weinen, oder der Patient kann seine Ausscheidungen nicht mehr kontrollieren. Der Verstand verschwimmt, manche halluzinieren, und der Patient ist unzufrieden, reizbar und nervös. Im Außen hört es sich an, als ob ein Mensch an seinem eigenen Wasser in der Lunge ertrinkt. Das tut er natürlich nicht, obwohl der Patient innerlich brodelt. Der Sterbende selbst erlebt eine Bewusstseinserweiterung und stellt fest, dass er nicht länger an seinen Körper gebunden ist. Er empfindet sich als durchlässig und leicht.

Dann löst sich das Element Wasser in das *Feuerelement* auf. Mund und Nase trocknen aus, die Körperwärme beginnt sich zu verflüchtigen, gewöhnlich von den Füßen und Händen her in Richtung Herz. Wir können keine Flüssigkeit mehr zu uns nehmen, und die Verdauung versagt. Das führt dazu, dass sich der Körper des Sterbenden nun heiß anfühlt. Sie sprechen davon, das Gefühl zu haben, dass sie verbrennen. Dieser Vorgang kann überaus schmerzhaft sein, so wie eine Geburt auch schmerzhaft ist. Der Geist wandelt ständig zwischen Klarheit und Verwirrung.

In der vierten Phase löst sich das Feuerelement in das *Luftelement* auf. Das Atmen wird nun immer mühsamer, ein typisches Rasseln und Keuchen stellt sich ein. Das Ausatmen wird immer länger. Der Sterbende hat das Gefühl, sich aufzulösen. Je mehr er gegen die Lösung vom Körper ankämpft, desto schmerzhafter kann dieser Prozess sein. Wenn Angehörige während dieses Geschehens zu sehr festhalten und klammern, ist das wenig hilfreich für den Patienten. Beim Sterbenden erzeugt dieses Gebaren Schuldgefühle und führt zu einer Verweigerung seines Sterbens. Das ist dann notwendigerweise mit Schmerzen verbunden.

Wenn der äußere Atem aufgehört hat, löst sich das Luftelement ins *Raumelement* auf. Die Seele ist nun endgültig außerhalb des Körpers, und die Silberschnur zerreißt. Das ist der eigentliche Moment des Todes. Die Seele geht über in eine andere Form der Seins.

Der Prozess der Auflösung der Elemente ist davon abhängig, inwieweit die eigenen unerledigten Dinge des Lebens bearbeitet wurden oder nicht. Natürlich hat es auch damit zu tun, inwieweit der nahende Tod akzeptiert wird. Bei manchen Menschen verläuft deswegen dieser Prozess sehr schnell, sodass die Phasen kaum erkannt werden können. Bei anderen zieht sich die Auflösung der Elemente über Stunden und manchmal gar Tage hin. Je mehr Verweigerung und Auflehnung gegen das Sterbenmüssen bei einem Patienten vorhanden sind, umso schwieriger und schmerzhafter gestaltet sich dieser Prozess. Das Verblüffende an den Ausführungen des jahrhundertealten Tibetischen Totenbuches ist die konkrete Beschreibung der körperlichen Phänomene, wenn sich die Seele vom Körper löst. Dieses universale Geschehen wurde durch die Jahrhunderte bis heute von Sterbebegleitern, Angehörigen, Ärzten und Pflegepersonal immer wieder beobachtet.

Wenn der Filter bricht

Wenn der Filter bricht,
sehen wir das Verborgene,
die andere Wirklichkeit,
die auch jetzt um uns ist.

Jenseits des Alltagsspiegels
und hinter dem Lächeln des Mondes
die ewige Welt des Lichts,
welche ihre Boten der Liebe entsendet.

Im seligen Lächeln des Sterbenden
seine Wiedererinnerung.
Der verfügte Abschied wird leicht
und verwandelt sein Gesicht.

Der Aufbruch ist verfügt,
wenn der Filter bricht,
und wir stehen im Licht
der eigenen Bestimmung.

Wenn der Filter bricht,
sind wir in der Liebe!

8. Kapitel
Das Wesen der Liebe im Sterbeprozess

Der Maßstab der Liebe

Nachdem wir uns mit den auftretenden Phänomenen im Sterben des Menschen auseinandergesetzt haben, bleibt auf die Bedeutung der Liebe zu verweisen, die Ziel und Sinn alles menschlichen Strebens beinhaltet.

Wenn der sterbende Mensch sich mit der Wahrheit seines gelebten Lebens auseinandersetzt, steht er auch allem Unerledigten und Unbewältigten seines Lebens gegenüber. Wie in den Nahtoderfahrungen geht es auch hier in letzter Konsequenz um die Einsicht, ob Liebe gegeben oder zurückgehalten wurde.

Der Maßstab Liebe ist das eigentliche Geheimnis der menschlichen Existenz: In der Liebesfähigkeit erfüllt sich unser Leben, unser Sterben sowie unsere ewige Bestimmung. Die Polarität unseres Lebens, Gut und Böse, Hell und Dunkel und so weiter, hebt sich in letzter Konsequenz auf in Liebe oder Mangel an Liebe. Jeder Mensch strebt in seinem tiefsten Inneren nach Geborgenheit, Angenommensein, nach bedingungsloser Liebe.

Wenn sich ein sterbender Mensch den Bildern seines Lebens stellt und sie nicht länger abwehrt, steigt neben all den negativen Aspekten seines Lebens auch alles Schöne und Gute an die Oberfläche des Bewusstseins. Durch die Lockerung der Seele vom Körper hat er gleichzeitig Wahrnehmungen der feinstofflichen Welt, die aus Engeln, Licht oder verstorbenen Verwandten bestehen. Diese Wesen vermitteln Liebe und helfen dem Sterbenden, seinen bevorstehenden Tod zu akzeptieren. Er erkennt den größeren geistigen Sinnzusammenhang seiner Existenz und weiß, dass er eigentlich immer geborgen sein wird. Andere reagieren mit Angst vor dieser Erkenntnis des Geliebtwerdens. Es ist die Angst vor dem Unbekannten, welche den Menschen unruhig werden lässt, aber auch vor eigener Schuld oder Strafe. Wenn wir von der Anwesenheit des numinosen Heiligen, einer enormen Energie oder Licht im Sterbezimmer sprechen, so sind das lediglich andere Bezeichnungen für die erfahrene Liebe jenseits der Todesschwelle.

Die Parallelität zu unserem Leben drängt sich auf. Wir sollten uns klar darüber sein, dass all unser menschliches Streben, unsere Suche nach Sinn, Selbstfindung und Erkenntnis der verborgene Ausdruck der tiefen Ursehnsucht nach Liebe ist. Die Krisen unseres Lebens, wenn wir sie bewusst durchschritten haben und den Schmerz eines Verlustes, gleich welcher Art, angenommen haben, sind die Wendepunkte. Wir reifen an Einsicht, erfahren seelisch-geistiges Wachstum und werden dadurch liebesfähiger.

Wir selbst haben die Wahl, wie wir auf Verluste, Leid und Schmerzen reagieren: Wir können uns verhärten, irrationale Ängste entwickeln, unseren Lebensfluss blockieren, oder wir durchlaufen die schmerzhaften Prozesse unseres Lebens bewusst.

Nach dem Verlust eines geliebten Menschen beispielsweise kehren wir zu dem Zeitpunkt ins Leben zurück, da wir begreifen, dass die Person weiterexistiert und Liebe unvergänglich ist. Dann werden wir uns mit unserem Schicksal aussöhnen können. Es erfolgt die Erkenntnis, dass sich lediglich die *Form* der Liebe wandelt. Der Verstorbene ist nicht länger greifbar und anwesend in körperlicher Form. Darauf beruht jeder verständliche Abschiedsschmerz. Durch den Tod eines Menschen endet ein Teil unseres eigenen Lebens. Wir müssen lernen, uns neu zu orientieren und auf viele spezifische Gemeinsamkeiten zu verzichten. Das ist immer schmerzhaft.

Im besten Fall können wir den Verstorbenen verinnerlichen. Dann stehen wir durch unsere Liebe mit ihm in Verbindung. Die Beziehung verwandelt sich zu einer geistigen. Das bringt manche Menschen dazu, nie wieder einen anderen Partner im Leben zuzulassen, wenn die geistige Kommunikation auf der Seelenebene vorhanden ist. Andere wiederum erstarren in ihrer Trauer. Sie verhärten sich und wollen den Tod nicht akzeptieren.

Wenn viele unerledigte Dinge zwischen Angehörigen und dem Verstorbenen stehen, geht es um Vergebung und Aussöhnung. Man kann aber diese Dinge durch eine einfache, klare und ehrliche Zwiesprache mit einem Verstorbenen auflösen, ebenso wie durch Gebete. Durch unsere Liebe sind wir immer mit den Abgeschiedenen verbunden, wo immer sich diese auch befinden mögen. Der Schmerz des Abschieds freilich wird keinem Menschen erspart bleiben. Die Lektion der Liebe besteht eben auch im Loslassenkönnen.

Die Liebe im Alltag

Der größte Irrtum im heutigen Umgang mit dem Thema Liebe besteht darin, dass beständig *Form* und *Sein* verwechselt werden, was unweigerlich zu den Tragödien unseres Lebens führt. Wir leben heute in einer vollkommen pornographisierten und sexualisierten Welt. Die Medien setzen auf junge, schöne, nackte Körper, und kaum ein neuerer Fernsehfilm verzichtet noch auf die freizügige Darstellung des Liebesaktes. In den Talkshows wird beständig von Körpereingriffen in Form der Manipulation von Geschlechtsteilen geredet. Selbst 16-jährige Mädchen, die mit ihrem Körper unzufrieden sind, bekommen von ihren Eltern eine neue Nase oder einen neuen Busen geschenkt. Dahinter verbirgt sich allerdings eine kaum verhohlene Selbstablehnung, wenn man einem wie auch immer gearteten, augenblicklichen Schönheitsideal gehorchen will. Noch gravierender ist der Gedanke, nur dann geliebt zu werden, wenn bestimmte äußere Gegebenheiten vorhanden sind. Liebe wird mit äußerer Erscheinung verwechselt.

Dieses Dilemma überträgt sich auf die körperliche Ebene des Menschen und auf seine Sexualität. Liebe besitzt aber vor all ihren äußeren Erscheinungsformen eine zutiefst *seelische* Qualität. Die Ursehnsucht jedes Menschen nach Liebe und Geborgenheit speist sich geistig in der Sehnsucht nach dem Absoluten, dem Ewigen, nach GOTT. Gott ist die Urkraft hinter allem Sein, welche selbst die Atomteilchen in Schwingung bringt: Das ist nichts anderes als die schöpferische Kraft der Liebe. Aus ihr allein lebt das gesamte Universum und existieren alle feinstofflichen Welten. Insofern war von Anbeginn allen Seins alles Liebe.

Die menschliche Seele besitzt den Funken des Göttlichen, die sie in den Inkarnationen erkennen soll. Aus dem Endziel jeglicher Existenz, eines Tages ganz und vollständig als Individuum in die Schöpferkraft zurückzukehren, lässt sich erkennen, dass die eigentliche Erlösung des Menschen ausschließlich über Liebe erfolgt, der reinen, bedingungslosen, der geistigen Liebe also, in der sich der Mensch untrennbar mit Gott und allen anderen Wesen verbunden fühlt.

Die Sexualität des Menschen freilich kann ein Tor zu dieser Einswerdung sein. Sie dient keinesfalls nur der Fortpflanzung, sondern gleichfalls der Freude und Glückseligkeit. Um das allerdings erleben zu können, ist Liebe die Voraussetzung für Sexualität. Sie basiert auf einer seelisch-geistigen Verbindung zweier Menschen, da Liebe in ihrem Kern jenseits aller Form angesiedelt ist. Erst wenn zwei Seelen sich psychisch berühren, wird der eigentlich geistige Raum der Liebe betreten. Durch die Nähe und Geborgenheit zum Partner kann das Lächeln GOTTES erkannt werden. In diesem Gleichklang wird Sexualität, in welcher Form auch immer, zur Erfüllung oder gar Erlösung.

Das Problem des heutigen Menschen ist es aber, dass er diese Gesamtzusammenhänge nicht erkennt. Die Sexualisierung unserer Gesellschaft hat bedauerlicherweise dazu geführt, dass der eigentliche Akt der Vereinigung, der etwas Heiliges und Ganzheitliches ist, lediglich im Aneinanderreiben von Geschlechtsteilen besteht. Das mag zu einer flüchtigen körperlichen Entspannung führen, aber niemals zu Liebe. Die Folge davon ist, dass Ausschau gehalten wird nach dem nächsten Objekt, was in der heutigen Zeit zu einer erschreckenden Austauschbarkeit von Körpern geführt hat, ohne jegliche Bedeutung. Die Qualität der Liebe wurde zu einem rein äußerlichen Produkt umfunktioniert. Die Sexualität wird überbetont und auf das rein Körperliche reduziert und gleichfalls mit Liebe verwechselt.

Hier zeigt sich wieder einmal in aller Deutlichkeit, dass der erschreckende Mangel an Liebe und die Kommunikationsunfähigkeit vieler junger Menschen auf dem verheerenden Irrtum beruht, Liebe im Außen zu suchen.

Wirkliche Nähe und Geborgenheit findet der Mensch aber nur auf der seelischen Ebene. Wer wirklich liebt, kann vertrauen und sich fallen lassen. Nur dann vermag er sich der Liebe zu öffnen. In unserer Seele sind wir mit dem Göttlichen verbunden, da Liebe alles umfasst und formlos ist. Insofern beinhaltet die seelische Begegnung zweier Menschen den Anschluss an den großen geistigen Sinnzusammenhang: In der Liebe sein, bedeutet in GOTT sein.

Dass die eigentliche Realität und der Urgrund allen Seins Liebe ist, erkennt der Sterbende dann, wenn er sich vollenden kann. Bei vielen zeigt sich das dadurch, dass sich Gottvertrauen einstellt, wenn die Angst im Sterbeprozess durchschritten wurde. So kann das irdische Leben losgelassen werden. Diese Menschen sterben buchstäblich in die Liebe hinein.

Gott ist die absolute, bedingungslose Liebe. Das berichten zahllose Menschen durch ihre Nahtoderfahrungen, da das Lichtwesen am Ende des Tunnels eben ein Bote dieser Liebe ist. Die Begegnung mit dem Licht transformiert den Betroffenen für immer und führt zu den bekannten Persönlichkeitsveränderungen. Die Lebensrückschau belehrt uns darüber, dass es nicht um Ruhm, Macht oder materiellen Reichtum geht, sondern um die kleinen Dinge: einem Menschen in einer Krise beigestanden zu haben, selbstlos einer alten Frau beim Überqueren der Straße behilflich gewesen zu sein, sich eines verletzten Tieres angenommen zu haben und Ähnliches. Mit dieser Einsicht wird jeder von uns am Ende seines Lebens konfrontiert.

Liebe schließt niemanden aus, weder einen Mörder noch einen Diktator, noch einen Terroristen. Allerdings wird es keinem erspart bleiben, die Mängel und Fehler seines Lebens selbst zu bereinigen. Dann erst kann die Seele, auch nach ihrem Tod, in die höheren geistigen Reiche aufsteigen. Wir müssen also unsere Liebesfähigkeit entwickeln, um erlöst zu werden.

Mangel an Liebe

Wir alle sind auf diesem geistigen Weg nach Hause, allerdings jeder auf seinem eigenen. Insofern ist der Mangel an Liebe der eigentliche Gegenpol des Menschen und nicht irgendwelche äußeren Teufel oder Dämonen. Die Ursehnsucht nach Geborgenheit kann stets auch ins Gegenteil deformiert werden: aus Freiheit kann Unfreiheit werden, aus Liebe Hass, Wut und tiefer seelischer Schmerz, aus Vertrauen Angst, aus dem Paranormalen etwas Bedrohliches. Nichts existiert in dieser Welt ohne einen Gegenpol, und es ist das Los des Menschen, beständig sein eigenes Heil oder Unheil wählen zu können. Auch nach seinem Tod ist er auf dem Bewusstseinslevel, den er sich hier durch sein Leben geschaffen hat.

Der Mangel an Liebe freilich führt zu sämtlichen negativen Erscheinungsformen, ebenso wie in jede denkbare sexuelle Perversität. Besonders das Internet konfrontiert uns mit den dunkelsten Obsessionen des Menschen: vom Kannibalismus über sadomasochistische Darstellungen, Kinderpornographie, diverse Fetische oder dem Abgrund der Exkremente wird heute jede Perversion bedient. Diese Ausformungen freilich haben nicht mehr das Geringste mit Liebe oder Freiheit zu tun, weil die ethischen Werte negiert werden und die einzige Befriedigung im Außen oder im Materiellen gesucht wird. Hier zeigt sich auch die Bindungsunfähigkeit und mangelnde Liebesfähigkeit. Sicher resultiert diese häufig aus tiefen seelischen Verletzungen, was zu Misstrauen und Missbrauch führen kann.

Das Tor zur Einswerdung, zur Geborgenheit oder Transzendenz bleibt verschlossen, und das Leben wird sinnentleert. Der Weg des Menschen verliert sich in der Dunkelheit unerfüllbarer Sehnsüchte, die auf diesen Wegen niemals zu befriedigen sind. Das ist der eigentliche Grund für Hass, Zorn, Wut, Angst, Eifersucht, Neid, Missgunst, Mord, Totschlag oder Krieg. Jegliche Formen von Negativität, um deren Überwindung es hier auf Erden aber eigentlich geht, führen zwangsläufig zu psychischen Störungen oder ständigen Streitereien.

Negativität blockiert die Kreativität des Menschen und führt in die geistige Enge. Unkontrollierte Wut, Hass oder einen Menschen um jeden Preis besitzen zu wollen, ist Unfreiheit und endet mitunter in körperlicher Gewalt oder mit Tod. So kann nicht erwiderte Liebe zu Auswüchsen und Abnormitäten aller Art führen. Aus unserer Alltagserfahrung wissen wir, dass, sobald sich in eine Beziehung Misstrauen oder diffuse Ängste einschleichen oder der Versuch betrieben wird, den anderen so zu manipulieren, wie man ihn gerne hätte, Liebe zum zwanghaften Deckmantel von Knechtschaft wird. Liebe allerdings ist frei, sie vertraut, aber sie verschwindet auch wieder, wenn diese Grundvoraussetzungen nicht länger gegeben sind.

Spätestens im Sterbeprozess werden wir wieder erinnert, wer

wir sind und weshalb wir hier sind. Wir sind geistige Wesen als Teil des Ewigen, die hier Liebe und Menschlichkeit praktisch lernen und umsetzen sollen. In den glänzenden Augen eines Sterbenden, in seiner freudigen Erregung, einem Verstorbenen oder einem Engel zu begegnen, drückt sich nichts anderes aus als die Wiederbegegnung mit der universalen Liebe. Wenn ein Mensch zu viele Ängste in seinem Leben angesammelt hat und die Schattenseiten seiner Persönlichkeit nicht integrieren konnte, dann kann der Sterbeprozess sehr unangenehm werden. Diese Menschen haben deswegen Angst vor dem Tod, weil sie Angst vor der Liebe haben, mit der sie konfrontiert sind.

Liebe aber ist der Urgrund allen Seins, an dem jeder von uns einen Anteil hat. Es gibt keine andere Realität, weder im Diesseits noch im Jenseits, als die Liebe Gottes zu seinen Geschöpfen. Leider weigert sich der Verstand des Menschen zu häufig, diese ewige Wahrheit erkennen zu wollen. Eigentlich bedürfen wir lediglich des Gottvertrauens. Das wird uns zwar Leid und Schmerz nicht ersparen, aber wir können herausfinden, dass wir eigentlich immer geborgen sind. Das ist die letzte Wahrheit im Sterbeprozess.

Mutter

Dir nah sein,
von Herz zu Herz,
ist ein Geschenk des Abschieds,
der keiner ist,
da sich die Ewigkeit
über uns ausbreitet.

Dein Licht
in meinem Herzen
wird mich tragen
weltenweit
zu den entfernten Ufern
des Urlichts,
dem wir alle entstammen.

Sterben ist Geburt
und Teil der ewigen Verwandlung.
Ein Vorhang fällt.
Ein anderer öffnet sich.
Du bleibst mir nah,
von Herz zu Herz,
da Liebe verbindet,

Mutter.

9. Kapitel
Die fünf inneren Sterbephasen

Das Hin- und Herpendeln des sterbenden
Menschen zwischen den Welten

Die Wandlungsphase des Übergangs eines Menschen in die andere Welt erfolgt wellenartig, wie die Wehen bei der Geburt. Je besser wir die sich offenbarenden Phänomene im Sterbeprozess verstehen, umso mehr begreifen wir die eigentlichen Vorgänge beim Sterben des Menschen. Zusammenfassend lassen sich die folgenden fünf inneren Sterbephasen ableiten. Bei diesem Modell handelt es sich um das eigentliche Sterben des Menschen. Wir können dadurch erkennen, wie und wann es einsetzt und wie sich die bereits beschriebenen auftretenden Phänomene offenbaren.

1. Die erste Lockerung der Seele – Schwebezustand

In der *ersten* Phase des einsetzenden Sterbeprozesses beginnt die Waage zwischen Leben und Tod zu schwingen. Die Bewegungsfreiheit des Menschen ist eingeschränkt. Das ist der Weg, den jeder von uns einmal gehen wird, es sei denn, er stirbt einen plötzlichen Tod. In einem längeren Sterbeprozess zieht sich die Lebensenergie langsam aus dem Körper zurück. Der Sterbende kann dann sein Bett nicht mehr eigenständig verlassen und ist vollständig auf die Hilfe des Pflegepersonals oder der Angehörigen angewiesen. Sein Lebensraum ist auf das Bett beschränkt. Er liegt nun mehr als er sitzt oder steht. Dadurch lässt seine Erdung nach.

Eine erste sanfte Lockerung zwischen Körper und Seele erfolgt: Wir fühlen uns leichter als sonst und erleben Schwebezustände zwischen Schlaf, Traum und Wachzustand. Dieser veränderte Bewusstseinszustand wird häufig als angenehm und entspannend empfunden. Andere wiederum werden aufgeschreckt und verunsichert, wenn sie den sich nahenden Tod spüren. Es geht nun darum, wie der Betroffene auf die Zeichen reagiert, ob mit Angst und Festhalten oder mit Gelassenheit und Sich-fallen-lassen-Können. Eigentlich zeigt sich schon hier, ob ein Sterbender sich aufbäumen und wehren wird oder seinen Tod akzeptieren kann. Diese erste Lockerung der Seele kann schon lange vor dem eigentlichen Tod einsetzen.

2. Die Konfrontation mit den verdrängten Problemen – Wahrnehmungsveränderung

In der *zweiten* Phase steigen Emotionen und Erinnerungen an die Oberfläche des Bewusstseins. Der Patient möchte mit sich ins Reine kommen und versucht, seinen inneren Frieden zu finden und Unerledigtes zu klären.

Der Mensch ist in der Regel nicht auf seinen Tod vorbereitet. In dieser Phase des Sterbeprozesses treten die Bilder des Lebens an die Bewusstseinsoberfläche. Wenn wir ein Leben lang vor uns selbst davonlaufen in der Geschäftigkeit des Alltags und dazu neigen, die wichtigen Dinge auf später zu verschieben, so sind wir spätestens in dem Moment mit uns selbst konfrontiert, wenn sich der Lebensraum auf das letzte Bett eingeschränkt hat. Wir blicken nun der eigenen Wahrheit ins Gesicht und können sie nicht länger verleugnen. Wir fragen uns, ob wir Liebe gegeben oder zurückgehalten haben. Selbst alle verdrängten Gefühle und auch die nicht gelebten Dinge des Lebens werden bewusst. Bei vielen Patienten führt das zu einer erheblichen Abwehr. Ängste, Wut und Zorn treten auf. Es kann sogar sein, dass ein Patient bis in den Tod hinein gegen sein Sterbenmüssen ankämpft, weil er die eigene Wahrheit nicht erträgt. Diese Menschen haben meistens einen sehr schweren Tod. Im Außen drückt sich dies durch die in Erscheinung tretenden negativen Gefühle aus. Viele Patienten werden aggressiv, nörgeln oder kritisieren.

In seinem Inneren aber nimmt der Sterbende bereits den ersten Kontakt mit der anderen Welt auf. Manche Patienten sprechen davon, verstorbene Verwandte oder Lichtgestalten wahrzunehmen. Häufig wird auch von einem Gefühl zu schweben berichtet, ähnlich den außerkörperlichen Erfahrungen in den Nahtoderlebnissen. Je mehr ein Sterbender sich von seinem Körper löst, desto intensiver geht sein Bewusstsein auf Reisen und teilt sich anderen mit.

Diese Bewusstseinserweiterung ist der Grund dafür, dass ein sterbender Mensch genauestens mitbekommt, was in seinem Umfeld geschieht. Er spürt nun verstärkt die Gefühle, den Kummer und den Schmerz der anwesenden Angehörigen. Wenn diese zu sehr klammern, kann sich das Sterben hinziehen. Selbst wenn ein Patient im Koma liegt, bekommt er genauestens mit, was um ihn herum geschieht.

Im Außen mögen wir die Bewusstlosigkeit, die Schwäche oder das Leiden wahrnehmen. Dabei wird grundsätzlich verkannt, dass der Prozess der Ablösung der Seele vom Körper immer mit Bewusstseinserweiterungen einhergeht. Das ist dann auch der Grund dafür, dass sich ein Mensch vielleicht entscheidet, genau in dem Augenblick zu sterben, in dem ein nahestehender Angehöriger nur kurz den Raum verlässt. Deshalb brauchen wir aber später keine Schuldgefühle zu haben, da ein Sterbender genau fühlt, ob er in der Gegenwart eines bestimmten Menschen loslassen kann oder nicht. Wenn ein Angehöriger zu sehr klammert oder festhalten will, nimmt der Sterbende dieses wahr und wählt den Augenblick seines Übergangs genau zu dem Zeitpunkt, wenn dieser Angehörige das Zimmer verlässt.

Die erfahrene Ausdehnung des Bewusstseins beim sterbenden Menschen ist auch der Grund für die Phänomene, die immer wieder im Augenblick des Todes erlebt werden. Selbst wenn wir uns an einem anderen Ort aufhalten oder gar nicht wissen, dass ein Familienmitglied im Sterben liegt, kann sich seine Seele uns auf unterschiedliche Weise kundtun.

Diese Phase ist auch daran erkennbar, dass sich die Wahrnehmung des Patienten verändert. Er erlebt nun Dinge gleichzeitig. Er spricht mit real anwesenden Personen und bezieht sich andererseits auf nur für ihn sichtbare Verstorbene. Manche greifen mit den Händen auf ein imaginäres Ziel hin, andere starren mit erstaunten und glänzenden Augen auf eine weiße Wand.

Eine Seminarteilnehmerin erzählte mir: «Mein Vater litt an einer inneren Blutung. Ich wachte Tag und Nacht bei ihm. Es stand sehr schlecht um ihn. In der zweiten Nacht erhellten sich plötzlich seine Augen. Er schaute auf, streckte seine Hand aus und lächelte. Er erzählte mir, dass er unsere verstorbene Mutter sah. Er verhielt sich ihr gegenüber sehr natürlich, so als ob sie real anwesend sei. Nach dieser Erscheinung war er bei völlig klarem Bewusstsein und sagte immer, wie schön das Erlebnis gewesen sei. Er hatte die Angst vor dem Tod verloren. Wenige Stunden später starb er entspannt und friedlich.»

Es ist wichtig zu wissen, dass ein Sterbender in dieser Phase noch die Möglichkeit hat, zwischen Leben und Tod zu wählen. Auf dieser Ebene des Bewusstseins spielen sich die Nahtoderfahrungen ab, wobei die Betroffenen ebenfalls noch ins Leben zurückkehren können.

3. Das letzte Aufgebot der physischen Reserven – Bewusstseinserweiterung

In der *dritten* Phase wird das letzte Aufgebot der physischen Reserven erlebt. Der Sterbende nimmt normalerweise keine feste Nahrung mehr zu sich. Wenn nun künstlich in den Sterbeprozess eingegriffen wird, kann das zu Lasten des Patienten das Sterben unsäglich verlängern. Dies ist die Phase, in der das letzte Aufblühen registriert wird. Bei manchen verläuft diese Phase sehr sanft, bei anderen wird Schreien, Stöhnen und Sichaufbäumen beobachtet. Das hängt aber mit den Ablösungsbemühungen der Seele vom Körper zusammen. In diesem Stadium setzt der bereits beschriebene Prozess der Ablösung der Elemente ein. Leider wird gerade das Schreien und Stöhnen eines Sterbenden von den Angehörigen und Anwesenden als schrecklich und angstbesetzt gedeutet.

Der Sterbende nimmt diese Vorgänge in seiner Innenwelt völlig anders wahr. Durch die erlebte Bewusstseinserweiterung, durch die sich verstärkende Lockerung vom Körper werden nun Dinge der geistigen Welt gesehen. Es kann zu einer Verschmelzung mit dem Licht kommen, oder es werden paradiesische Landschaften wahrgenommen. Die Tore zum Jenseits sind geöffnet. Im Außen erkennen wir diese Vorgänge am veränderten Augenausdruck des Sterbenden. Sie sind groß, glänzend und von einem inneren Licht erhellt.

Eine Sterbebegleiterin berichtete mir: «Als ich den Raum betrat, schien Herr F. zu schlafen. Plötzlich öffnete er die Augen, die eine unbeschreibliche Seligkeit ausdrückten. Es war, als wenn er von einem inneren strahlenden Licht erleuchtet wäre. Ich sah Klarheit, Glück und Liebe. Ein tiefer Friede und Ruhe gingen von diesem Mann aus. Er war vollendet. Wenige Minuten später starb er in meinen Armen. Diesen Augenausdruck habe ich nie vergessen. Da war etwas Heiliges und Tiefes, was mich damals zutiefst erschütterte. Später habe ich solche Augen häufiger gesehen – natürlich nicht bei jedem. Die Vollendung wird dann erreicht, wenn ein Patient seinen Prozess bewusst durchschritten hat.»

Der eigentliche Tod kann sich aber durchaus noch hinziehen. Letztlich sind alle Sterbephasen fließend. Nach diesem letzten Aufbäumen tritt Ruhe ein.

Auf dieser Ebene des Bewusstseins ist es dem Sterbenden noch möglich, ins Leben zurückzukehren. In dieser Phase ereignen sich manchmal spontane Heilungen, und der Krankheitsprozess kommt für eine Weile zum Stillstand. Manchen ist es sogar möglich, das Krankenhaus wieder zu verlassen.

4. Der Augenblick des Todes

In der *vierten* Phase kommen alle Körperfunktionen zur Ruhe, und das Ende des Sterbeprozesses durch den letzten Herzschlag und den letzten hörbaren Atem setzt ein. Der Sterbende zieht nun seine Aufmerksamkeit endgültig aus dem Außen zurück und richtet sie vollständig auf die andere Realität des Seins.

Das ist der eigentliche Moment des Todes: Das Sterben ist vollbracht. Der Verstorbene ist nun von Frieden und Lichteindrücken erfüllt. Er sieht und hört alles, was an seinem Sterbebett geschieht. Im Raum ist eine erhöhte Energie spürbar. Manche Sterbebegleiter berichten auch von auftretenden Lichtphänomenen.

Der Todesmoment eines Menschen wird von einer Vielzahl auftretender Phänomene begleitet. Durch die definitive Freisetzung des Bewusstseins erfährt der Verstorbene die Grenzenlosigkeit des Seins. Er kann sich nun überall aufhalten, wo es ihm beliebt, und je nach Vermögen sich den Hinterbliebenen mitteilen. Wenn ein Verstorbener an einen bestimmten Angehörigen denkt, befindet er sich unmittelbar in dessen Gegenwart. Deswegen berichten so viele Menschen davon, im Augenblick des Todes die Anwesenheit des Sterbenden gespürt zu haben. Zahllose Dokumente aus der Zeit des Ersten und Zweiten Weltkrieges belegen in eindrücklicher Weise, wie sich Gefallene bei ihren Angehörigen kundgetan haben. Da wird von Klopfgeräuschen berichtet, von sich bewegenden Gegenständen oder von der Wand fallenden Bildern, stehengebliebenen Uhren im Todesmoment oder konkreten Erscheinungen. Andere berichten davon, dass die Seele eines geliebten Angehörigen durch ihr Herz gegangen ist. Ausschlaggebend für solche Erlebnisse ist die Liebe, die uns mit diesen Menschen verbindet.

Nach dem Tod sollte dafür gesorgt werden, dass der soeben Verstorbene nicht sofort ins Kühlhaus gebracht wird. Ein bis zwei Stunden Aufschub können bewirken, dass die letzten Schritte der Ablösung in Ruhe und Frieden geschehen. Der Ablösungsprozess braucht seine Zeit, weil im Organismus zwar die Hauptlichter ausgegangen sind, aber nun noch in den feinen Bereichen sozusagen die kleinen Lämpchen ausgeschaltet werden.

5. Der Vorgang der Loslösung vom Körper

Die vierte Phase mündet dann in die *fünfte Phase*, wobei diese Übergänge wie gesagt immer fließend verlaufen. Das feinstoffliche Band der Silberschnur, die Körper und Geist zusammenhielt, ist nun endgültig durchtrennt.

Von der Existenz der Silberschnur ist schon in der Bibel die Rede. Im Buch Kohelet (12, 6–7) heißt es: «... ja, ehe die silberne Schnur zerreißt, die goldene Schale bricht ... und der Atem zu Gott zurückkehrt, der ihn gegeben hat».[52]

In der Luther'schen Übersetzung wird das so ausgedrückt (Prediger 12, 6–7): «... ehe der silberne Strick zerreißt und die goldene Schale zerbricht ... und der Geist wieder zu Gott, der ihn gegeben hat».[53]

Diese Textpassagen aus dem Alten Testament zeigen in aller Deutlichkeit, dass das Wissen von der Silberschnur, dem feinstofflichen Band, das Seele und Körper miteinander verbindet, schon im Altertum bekannt war. Wenn die Silberschnur endgültig gerissen ist, kann die Seele nicht mehr in ihren materiellen Körper zurückkehren. Da sich die kleinen Fädchen der Silberschnur nur langsam lösen, entsteht häufig der Eindruck, im Körper sei noch ein Fünkchen Leben. In Wirklichkeit befindet sich die Seele noch in der Nähe des Körpers. Diese letzte Phase des Sterbeprozesses ist dann abgeschlossen, wenn der Restkontakt zum Körper gelöst ist. Dann stellt sich der Eindruck ein, dass wir nur noch eine leere Hülle vor uns haben. Der Verstorbene ist nun körperlos, und es existiert für ihn keine Raum-Zeit-Begrenzung mehr. Er fühlt sich ganz und heil. Diese Aussagen werden durch die Berichte nahtoderfahrener Schwerstkranker oder Behinderter immer wieder bestätigt.

Die Seele erlebt nun eine Ruhepause, um sich an die Gegebenheiten der geistigen Welt anzupassen und zu gewöhnen. In dieser Orientierungsphase erkundet sie ihre neue Umgebung und wird von vorangegangenen Verstorbenen in Empfang genommen. Sie versucht nach Möglichkeit, den Hinterbliebenen Trost zu spenden. Daraus resultieren die häufig berichteten Nachtodkontakte, die als spontane Kontakte mit Verstorbenen von den Angehörigen erfahren werden. Dann erst setzt die Arbeit an der Seelenqualität ein.

Der Augenblick des Todes

Lass uns bereit sein,
im Augenblick des Todes
das Licht des Ewigen zu schauen.

Lass uns frei sein
von den Begrenzungen des Irdischen,
die SEINE Gegenwart verhindert.

Lass uns aus der Zeit fallen,
die uns bindet
an die Vergänglichkeit allen Seins.

Vor allem lass uns in der Liebe sein
und die Furcht verlieren.
Liebe vertreibt alle Angst.

Auf dem Weg zu den Sternen
verlieren wir das Gewand des Körpers
und gewinnen die Freiheit des Grenzenlosen.

In SEINER Gegenwart
eins mit IHM
im Augenblick des Todes.

Keine Seele geht verloren,
weder hier noch drüben,
auf dem Weg nach Hause.

10. Kapitel
Rituale der Trauer

Abschied nehmen

Das rechte Abschiednehmen von einem Verstorbenen hat einen entscheidenden Einfluss darauf, ob ein Trauerprozess irgendwann abgeschlossen werden kann oder nicht. Leider fehlen heute in vielfacher Weise entsprechende Rituale, durch die der Einzelne wie auch das Kollektiv den Abschied von einem geliebten Menschen würdig vollziehen kann.

Die alten Trauertraditionen sind abhanden gekommen, und neue müssen erst gefunden werden. Wenn ein Familienangehöriger einen langen und siechenden Sterbeprozess durchläuft, haben die Betroffenen viele Monate, wenn nicht gar Jahre Zeit, um sich auf den Tod einzustellen. Durch langjährige Begleitung kann die Trauer um einen lieben Menschen vorweggenommen werden. Der Tod wird dann mitunter als Erlösung empfunden. Allerdings ist dies abhängig davon, inwiefern Begleitende imstande sind, loszulassen und den unausweichlichen Tod akzeptieren zu können. Viele können bis zum letzten Tag dieser Tatsache nicht ins Auge sehen. Die Todesnähe eines geliebten Menschen wird dann ignoriert, oder es wird verzweifelt versucht, alles zu beschönigen. Leider sind es häufig auch Angehörige, die durch ihre Missachtung des sich nahenden Todes zu vielen unnützen medizinischen Maßnahmen beitragen, weil sie diese in ihrer Verzweiflung von den Ärzten verlangen.

Eigentlich sollten wir abschiedlich leben. Unser ganzes Leben ist ein unweigerlicher Prozess des Loslassenmüssens. Die vielen kleinen Tode, die wir im Leben immer wieder durchlaufen, all die Abschiede und Verluste, sollten uns unweigerlich auf das letzte große Loslassen vorbereiten. Jeder von uns wird eines Tages an dem Punkt stehen, an dem er alles Bekannte und Wichtige zurücklassen muss.

Das eigentliche Abschiednehmen von einem Menschen beginnt spätestens im Sterbeprozess. Je offener und ehrlicher wir uns der Situation stellen, umso klarer können wir noch nicht Ausgesprochenes artikulieren und zu klären versuchen. Wenn wir authentisch sind, können wir uns selbst und dem Sterbenden Frieden bringen. Wir können uns beim Sterbenden verabschieden und haben später das beruhigende Gefühl, alles getan zu haben, was in unserer Macht steht, loslassen zu können. In diesem Fall wird der sich nahende Tod akzeptiert.

Wichtig zu wissen ist es, dass auch Kinder in das Abschiednehmen mit einbezogen werden. Die Konfrontation mit dem Tod eines nahestehenden Menschen ist für Kinder für das spätere Leben wichtig! Wenn sie bei einem Sterbefall in der Familie nicht berücksichtigt werden, führt das später zu Schuldgefühlen und Ängsten, die sich in Bezug auf den Tod in der Zukunft traumatisch auswirken werden.

Trauerrituale

Seit Menschengedenken wurde der Abschied von den Toten durch unterschiedliche Zeremonien begleitet. Die Kulturen und Religionen der Welt entwickelten Rituale, um mit einer solchen existenziellen Krise umzugehen. Im Abendland war der Tod bis zu Beginn des 20. Jahrhunderts ein ritualisiertes und öffentliches Ereignis. Der Historiker Philippe Ariès schreibt in seiner

«Geschichte des Todes»: «Man schloss die Vorhänge im Zimmer des Sterbenden, zündete Kerzen an, sprengte Weihwasser aus; das Haus füllte sich mit Nachbarn, Angehörigen, Freunden. Die Totenglocke erklang in der Kirche.»[54]

An der Haustür wurde die Trauer angezeigt. Es gab eine Totenmesse, und Beerdigungen waren öffentlich sichtbar. Die Schar der Schwarzgekleideten zum Friedhof wurde von Passanten ehrerbietig gegrüßt. All das zeigt in aller Offenheit, dass nicht nur ein Einzelner verstorben war, «sondern die Gemeinschaft als Ganzes war getroffen und musste nun ihre Wunden heilen».[55]

Heute, im städtisch geprägten Alltag und einer Hightech-Umwelt, ist der Tod fast gänzlich aus der Öffentlichkeit verschwunden. Die Trauer ist dabei längst zu einer Privatsache geworden. Kaum jemand trägt heute noch längere Zeit schwarze Kleidung. Auch die in früheren Zeiten selbstverständlichen Beileidsbesuche bei Nachbarn oder Freunden scheinen nicht länger in den heutigen Alltag zu passen. Der Trauernde steht also häufig alleine da. Die Seele leidet und wird traumatisiert, wenn die Trauer um einen Angehörigen nicht durchschritten wird.

Drei Generationen später sind nur noch Fragmente einer öffentlichen und gemeinschaftlich gelebten Trauer übrig. Vor allem hat es im Gedenken an Verstorbene einen enormen Bruch gegeben. War früher das Grab auf dem Friedhof mit Kreuz oder Grabstein ein Ort der Zwiesprache, so hat sich auch diese Tradition zu einem Kult des Flüchtigen entwickelt. In den großen Städten werden heute schon ein Viertel aller Menschen anonym bestattet. Dieser Traditionsbruch zeigt sich in ostdeutschen Städten am deutlichsten. Die Jenaer Kulturwissenschaftlerin Barbara Happe belegte durch eine Untersuchung, dass im katholischen München nur fünf Prozent der Bevölkerung anonym bestattet werden, in Chemnitz hingegen fast 70 Prozent in Gemeinschaftsanlagen. In Leipzig und Erfurt sind es 50 Prozent, in Hamburg immerhin 25 Prozent.[56]

In den meisten Fällen gibt es keinen Hinweis auf Namen oder

Lebensdaten. Manchmal erinnern gemeinsame Gedenktafeln an die Toten.

Das größte Problem im Umgang mit dem Tod ist das Fehlen spiritueller Beistandssysteme. Die christlichen Kirchen, die jahrhundertelang den Übergang ins Jenseits mit Gebeten und Liturgien gestalteten, haben ihren Einfluss auf Abschiedsrituale verloren. Gerade im Umgang mit Sterben und Tod zeigt sich die Auflösung christlicher Traditionen. Das Kreuz und die Passion Christi oder leere Formeln wie «Asche zu Asche und Staub zu Staub» stellen kein Modell für den Umgang mit dem Verlust eines Menschen mehr dar. Die Kirchen haben es versäumt, sich die Erkenntnisse der Sterbeforschung zu Eigen zu machen.

In der Gewissheit des Fortlebens nach dem Tod liegt aber der eigentliche Trost. In diesem Sinnzusammenhang könnten sehr wohl biblische Bezüge in zeitgemäße Rituale einbezogen werden. Leider besteht der Alltag der Priester heute darin, Trauergottesdienste für Menschen abzuhalten, die sie nicht einmal gekannt haben. Hinzu kommt, dass liturgische Elemente häufig nur noch Versatzstücke in den Friedhofskapellen darstellen. Die Abläufe einer Beerdigung sind von Tempo und Routine diktiert, und spirituelle Elemente können dabei nur begrenzt in bürokratisierte und technisierte Abläufe eingebaut werden. Überdies sind viele Menschen zunehmend atheistisch geprägt. Deshalb werden bei Verabschiedungen, besonders bei den zahlreichen anonymen Bestattungen, nur noch weltliche Trauerredner bestellt, ohne dass überhaupt ein Gebet gesprochen wird.

Alternative Ansätze zur Trauerbewältigung

Die eigentliche Hoffnung auf Veränderung dieser verkrusteten Strukturen kann nur in neuen, zeitgemäßen Ritualen des Abschieds gefunden werden. Der Umgang mit dem Tod sollte geprägt sein von Selbstbestimmung, Anteilnahme und Kreativität. Das allein vermag, Wehmut zu lindern. Die ersten Ansätze alternativer Bestattungsriten sind überall verbreitet[57]:

- Der Aids-Seelsorger Rainer Jarchow führt Trauerzüge mit bunten Luftballons an, die gemeinsam losgelassen werden.
- Seit November 2001 existiert der erste Friedwald in Reinhardswald bei Kassel, wo die Asche Verstorbener die Wurzeln der Bäume düngt. Kleine Namensplaketten weisen auf die Toten hin, die hier in den Kreislauf der Natur zurückkehren.
- Steinmetze gestalten gemeinsam mit den Familien Grabsteine, bei denen jedes Detail für die Angehörigen bedeutsam ist.
- In vielen Großstädten entstehen Häuser der Begegnung, in denen Angehörige bewusst Abschied von ihren Verstorbenen nehmen können und die Trauerfeiern ohne Zeitdruck gestaltet werden.
- Künstler oder Angehörige bemalen Särge, und Event-Bestatter präsentieren Urnen in ausgefallenen Designs.

Es kann heute nur noch darum gehen, dass die Trauer als Teil unseres Lebens wieder zugelassen werden kann. Wir verkümmern seelisch, wenn der Abschiedsschmerz nicht durchlebt wird. Indem wir den Prozess des Trauerns durchschreiten, können wir die Freiheit gewinnen, wieder Lebensfreude zu erreichen. Aus den kurz benannten, neuen Formen des Abschieds kann sich eine neue Trauerkultur herausbilden, die wir so dringend benötigen. Wenn die starren Verkrustungen überlebter Rituale aufgebrochen werden, wird der Tod ins Leben zurückgeholt.

Der Friedhofszwang, wie er in Deutschland noch besteht, ist in Veränderung begriffen. In Holland ist es möglich, die Asche eines Verstorbenen mit nach Hause zu nehmen oder in Papprollenurnen selbst zu verstreuen. So mancher Deutsche nutzt den Umweg über die Niederlande, um selbst zu entscheiden, was mit den Überresten eines geliebten Verstorbenen geschieht.

Viele Menschen wissen nicht, dass es gesetzliche Möglichkeiten gibt, Verstorbene, selbst wenn sie in Krankenhäusern gestorben sind, für 48 Stunden nach Hause zu holen. Dann könnte ein würdiger Abschied vollzogen werden. Manche bestehen darauf, ihre Toten selbst zu waschen und für die Ewigkeit anzuziehen.

Im Internet werden virtuelle Friedhöfe errichtet, die eine zeitgemäße Form des Gedenkens darstellen. Dokumente und Bilder eines Lebens werden auf dem Bildschirm dargestellt. Auch ein Gästebuch steht bereit. Dabei erhalten die Trauernden von fremden Nutzern Beistand und Trost (www.virtual-memorials.com).

Viele Trauernde finden Trost in Internetforen, in denen sie ihren Gefühlen und Gedanken freien Lauf lassen können. Hier finden sie Resonanz auf ihren individuellen Prozess, und Gleichgesinnte senden liebevolle Mails (www.leben-ohne-dich.de).

All diese unterschiedlichen Ansätze der Trauerbewältigung könnten dazu beitragen, die Welt der Lebenden und der Toten wieder in den Alltag zu integrieren. Das würde den Trauernden helfen, sich in ihrem Schmerz nicht länger alleine zu fühlen. Die ersten Ansätze einer zeitgemäßen Trauerkultur sollten uns ermutigen, die abhanden gekommenen Rituale im Umfeld des Todes neu zu erschaffen. So könnte vielen Menschen geholfen werden.

Verlust

Ich habe dich verloren.
Heißt das nicht auch,
dass ich dich gefunden habe?

Ich spüre deine Nähe
im Lächeln des Windes
und im Pochen des Herzens.

Du bist bei mir
in den Tagen meiner Trauer,
selbst, wenn ich dich nicht sehe.

Ich spüre deinen Trost,
wenn du in meinen Träumen
mir begegnest und lächelst.

Du bist nicht verloren,
weil du
ein Teil von mir bist.

Kein Verlust, keine Trauer
vermag Liebe zu zerstören,
weil sie ewig ist.

Ich habe dich nicht verloren,
weil du ein Teil von mir bist:
Ich kann dich nie verlieren!

11. Kapitel
Nach dem Tod

Das Erleben der jenseitigen Welt

In diesem Kapitel möchte ich einen kurzen Ausblick darüber geben, was uns möglicherweise nach unserem Tod erwartet. Dabei wird immer wieder die Frage gestellt, ob wir überhaupt etwas über das Jenseits wissen können. Gibt es konkrete Hinweise dafür, was wir nach unserem Tod erleben werden? Zur Beantwortung dieser Fragen können wir auf bestimmte Quellen zurückgreifen.

1. Nahtoderfahrungen
Die unbestreitbare Existenz der Nahtoderfahrung belegt heute in eindrücklicher Weise, dass unser menschliches Bewusstsein unabhängig vom Körper existiert. Dabei zeigt sich, dass der Mensch tatsächlich über eine Seele verfügt. Die Reisen der Seele in irdische oder jenseitige Gefilde zum Zeitpunkt des klinischen Todes sind in der Sterbeforschung immer wieder dokumentiert worden. Die wesentlichen Aussagen darüber finden sich ebenfalls im Schrifttum aller Zeiten, und sie sind völlig unabhängig von der jeweiligen Kultur. Neben subjektiven Verzerrungen – wir sind unsere Gedanken, die sich nun unmittelbar manifestieren – lässt sich dennoch die objektive Existenz einer geistigen Welt festmachen.

Heute gibt es eine zunehmende Flut von Nahtoderfahrungen, die in ihrer Erlebnistiefe weit über die wesentlichen Merkmale, wie außerkörperliche Erfahrung, Tunnel, Licht oder Lebensrückschau, hinausgehen und uns tiefe Einblicke in die Anderswelt vermitteln.

Ein beständiges Motiv ist die Begegnung mit Verstorbenen: «Ich wurde persönlich von meiner Mutter abgeholt und durch einen langen Gang geführt. Ich war so erstaunt über das Wiedersehen, dass mir zunächst gar nicht auffiel, dass wir uns telepathisch unterhielten. Meine Mutter vermittelte mir Freude und bedingungslose Liebe.»

Eine andere Seminarteilnehmerin berichtete mir: «Während ich durch den Tunnel schwebte, nahm ich plötzlich meine Tante Paula neben mir wahr. Ich war sehr erstaunt, sie zu sehen, und wusste zu diesem Zeitpunkt noch gar nicht, dass sie gestorben war. Sie vermittelte mir ein Gefühl von Willkommensein und Liebe.»

Ein weiteres wiederkehrendes Motiv ist die Verbundenheit mit allem Wissen. Das zeigt uns, dass wir einst Antworten auf all unsere Fragen nach dem Sinn und Zweck unseres Lebens erhalten. Eine Frau berichtet: «Es war, als ob ich für eine Sekunde alle Geheimnisse sämtlicher Zeiten verstanden hätte, alle Rätsel des Universums, der Sterne, des Mondes, einfach alles.»

Die Welt nach dem Tod wird von den Seelenreisenden meistens mit Harmonie, Frieden, Ruhe, Liebe, Geborgenheit und unbeschreiblicher Schönheit charakterisiert. Ein Mann, der durch einen Unfall eine Nahtoderfahrung erlebte, erinnert sich: «Ich befand mich auf einer unglaublich grünen Wiese, wobei die Farben so ungeheuer lebendig und leuchtend wirkten, dass ich sie nicht beschreiben kann. Die Pflanzen bestanden aus Farben, die ich auf Erden noch nie gesehen habe. Dabei durchdrang das Licht alles Vorhandene wie eine Vibration.»

Paradiesische Landschaften, himmlische Musik oder Lichtstädte werden ebenfalls immer wieder beschrieben: «Urplötzlich befand ich mich in einer anderen Umgebung. Es herrschte ein golden funkelndes Leuchten überall ... Eine wundervolle Musik war zu hören. Ich sah mich in eine liebliche Landschaft versetzt mit Bächen und Wiesen, Bäumen und Bergen. Aber wenn ich mich umschaute, dann waren das keine Bäume oder andere Naturdinge, wie wir sie bei uns hier kennen. Das Seltsame an der ganzen Sache war für mich, dass es dort Menschen gab. Nicht in einer Gestalt oder Körperlichkeit, wie wir es gewohnt sind, sondern sie waren eben einfach da, sie existierten.»

Auch von Lichtstädten wird immer wieder berichtet: «In der Ferne konnte ich eine Stadt liegen sehen. Bauwerke standen da – einzelne Gebäude. Sie schimmerten hell herüber. In ihrem Inneren weilten glückliche Menschen. Wasser blinkte auf, Springbrunnen sprühten ... eine Lichtstadt, so kann man das am besten bezeichnen.»[58]

Ähnlich umfangreiche Schauungen der jenseitigen Welt finden sich auch in den Visionen Sterbender (vergleiche dazu Kapitel 6).

2. Nachtodkontakte

Spontane Kontakte mit Verstorbenen sind ein außergewöhnlich häufiges Phänomen. Nach vorsichtigen Schätzungen kann alleine in Deutschland von mindestens 20 Millionen Menschen ausgegangen werden, die derartige Erfahrungen gemacht haben.

Viele Menschen sind ratlos und verunsichert, wenn sie mit derartigen Phänomenen konfrontiert werden. Sie trauen sich häufig nicht, mit Angehörigen oder Freunden über ihre Erlebnisse zu sprechen, aus Angst, für verrückt gehalten zu werden. Sie sind hin und her gerissen zwischen der Annahme, Wunschvorstellungen erlegen zu sein, und dem gleichzeitigen tiefen Wissen, den Verstorbenen tatsächlich gespürt oder gesehen zu haben.

Kontakte mit Verstorbenen wurden zu allen Zeiten und in allen Kulturen der Welt dokumentiert. Wie die Nahtoderfahrung oder die Sterbebettvision gehören sie zum Erlebnishorizont des Menschen im Bezug auf Sterben und Tod. Die gut gesicherten Berichte belegen, dass Verstorbene schon immer versucht haben, uns mitzuteilen, dass es ihnen gutgeht. Wir sind über unsere

Liebe mit ihnen verbunden, wo immer sie sich auch aufhalten mögen. Während des Ersten und Zweiten Weltkrieges haben sich buchstäblich Millionen junger Männer, die an den Fronten ums Leben kamen, auf vielfältige Weise bei ihren daheim gebliebenen Angehörigen in ihrer Todesstunde und danach kundgetan.

Überlebende berichten noch heute in eindrücklicher Weise von den sich stets wiederholenden Phänomenen: Uhren blieben exakt zum Zeitpunkt des Todes stehen, die Gegenwart des Verstorbenen wurde gespürt, Bilder fielen von der Wand, oder es kam zu konkreten Erscheinungen. Die vorliegenden Dokumente aus jener Zeit würden heute ganze Bibliotheken füllen.

Eine 84-jährige Frau erzählte mir kürzlich in einem Seminar: «Ich werde diesen Tag nie vergessen. Im Mai 1943 fiel mein Bruder an der Front in Russland. Wir wussten dies zum Zeitpunkt der Ereignisse natürlich noch nicht. Am Tag seines Todes klopfte es laut und vernehmlich an der Tür. Als ich sie öffnete, stand mein Bruder davor. Er sah mich einfach an. Dann drehte er sich wortlos um und verschwand im Nebel. Wenig später traf ein Telegramm ein, das uns über seinen Tod unterrichtete.»

Die zahllosen Berichte über Phänomene im Augenblick des Todes sind darauf zurückzuführen, dass Sterbende aufgrund der Lockerung der Seele vom Körper imstande sind, ihre Angehörigen da zu erreichen, wo diese sich gerade befinden. Ob ein Kontaktversuch allerdings wahrgenommen wird oder nicht, hat häufig damit zu tun, inwieweit ein Angehöriger überhaupt offen für diese Dinge ist. Je stärker jemand in seiner Trauer erstarrt oder je schlechter er den Tod akzeptieren kann, umso geringer ist die Wahrscheinlichkeit, die subtilen Hinweise der Verstorbenen überhaupt zu bemerken.

Aufgrund der riesigen Resonanz auf dieses Thema durch Publikationen, Seminare oder Vorträge weiß ich, dass zahlreiche Menschen nur im geschützten Rahmen über dieses Thema sprechen. Wären wir offener im Umgang mit dem Tod und würden ehrlich über unsere Erfahrungen mit anderen sprechen, so ließe sich überraschend feststellen, dass Nachbarn, Freunde oder Verwandte sehr wohl Ähnliches erlebt haben. Letztlich bezeugen all diese Berichte das Fortleben nach dem Tod.

In den psychologisch betreuten Trauergruppen finden sich viele Therapeuten, die derartige Berichte für Wunschvorstellungen oder Halluzinationen halten. Trauernde werden von Psychologen nicht ernst genommen. Dabei liegt genau in den Kontakten mit Verstorbenen als reales Phänomen eine wesentliche Möglichkeit zur Trauerheilung. Würden die Erfahrungen von Millionen von Menschen in therapeutische Prozesse integriert werden, ließen sich neue und wirksamere Konzepte zur Trauerbewältigung erarbeiten. Wird das persönliche Erleben Trauernder als Halluzination abgetan, wird ein wesentlicher Bereich der Wirklichkeitserfahrung ausgelassen. Das hilft keinem Betroffenen. Bei einem gelungenen Trauerprozess wird ein Verstorbener ein Teil der eigenen Innenwelt. Zum Akzeptierenkönnen eines Verlustes gehört es, unerledigte Dinge zu bereinigen. In diesem Prozess helfen vor allem Gebete, Verständnis und Vergebung. Dadurch tragen wir dazu bei, dass der Verstorbene seinen Weg ins Licht findet.

Das wohl mit am häufigsten berichtete Phänomen in den Kontakten mit Verstorbenen ist das *Gegenwartsempfinden*. Ein fast körperlicher Eindruck von Nähe stellt sich ein, wobei die spezifische Ausstrahlung des Abgeschiedenen real wahrgenommen wird. Diese Gegenwart wird meistens spontan erlebt, ohne dass der Trauernde an den Verstorbenen dachte. Es wird stets als subtiles und häufig befreiendes Gefühl beschrieben.

«Nach dem Tod meiner Mutter war ich sehr verzweifelt. Ich wusste nicht, wie es weitergehen soll. Ich war beim Abwaschen in der Küche, als ich die Nähe meiner Mutter spürte, so als stünde sie neben mir. Die Gegenwart meiner Mutter gab mir Frieden und Geborgenheit. Nun wusste ich, dass sie um mich ist, und ich fühlte mich erleichtert und getröstet.»

Wenn ein intimes Verhältnis bestanden hat, kann es mitunter sogar zu einem körperlich spürbaren Austausch von *Berührungen* kommen.

«Mein geschiedener Mann war vor kurzem gestorben. Ein paar Tage später saß er plötzlich auf meinem Bett und nahm mich in den Arm. Ich spürte seine körperliche Gegenwart, und doch dachte ich, ich träume, und schloss die Augen. Aber er hielt mich immer noch fest. Er bat mich um Verzeihung, was er mir angetan hat. Ich erwiderte ihm, dass für mich alles erledigt ist. Danach verschwand er.»

Eine der häufigsten Kontaktaufnahmen ist die *Erscheinung Verstorbener im Traum*. Derartige Begegnungen werden als überaus real erlebt und noch nach Jahren genauestens erinnert. Begegnungen mit Verstorbenen im Traum unterscheiden sich in ihrer Intensität und Realität sehr stark von anderen Träumen, in denen nur Tagesreste verarbeitet werden. Die Verstorbenen werden meistens in ihrer einstigen, jedoch verjüngten Gestalt wahrgenommen. Sie sehen aus wie in ihren besten Jahren und sind heil und ganz, auch bei vorangegangenen Verstümmelungen oder Behinderungen.

Eine besondere Variante von Nachtodkontakten ist das Einwirken auf Hinterbliebene über *elektrische Phänomene*. Geräte stellen sich an und aus, Wasserkocher fangen an zu sieden, ohne dass sie angestellt wurden, oder Lichter gehen an und aus. Solche physikalischen Phänomene sind überaus häufig. Es deutet einiges darauf hin, dass es für Verstorbene einfacher ist, sich über Elektrizität mitzuteilen. Offenbar ist sie eine Energieform, die der Energie Verstorbener am nächsten kommt. Andere erleben, dass Bilder hin- und hergeschoben und selbst schwere Gegenstände verrückt werden. Häufig sind auch *Geruchswahrnehmungen*, die mit einem Verstorbenen assoziiert werden. Manchmal werden diese sogar von mehreren Personen gleichzeitig wahrgenommen. Selbst konkrete Erscheinungen werden berichtet.

Der Tod kündigt sich auf verschiedene Weise an. So berichten manche von Klopf- oder ähnlichen Geräuschen, andere werden nachts wach, prägen sich unbewusst die Uhrzeit ein, die sich später als der Todeszeitpunkt eines Angehörigen herausstellt, oder es kommt zu Lichterscheinungen.

Der Tod eines Menschen wird auch über große Distanzen wahrgenommen. So berichtete mir eine Frau, dass sie sich im Urlaub in Frankreich befand, als sie von einer tiefen Unruhe erfasst wurde. Sie musste fortwährend an ihren Sohn denken, wusste aber nicht, was sie machen sollte. Einige Stunden später wurde ihr telefonisch mitgeteilt, dass ihr Sohn genau zu diesem Zeitpunkt in Washington bei einem Unfall ums Leben gekommen war.

Immer mehr Menschen erleben heute das *direkte Mitsterben* von Angehörigen. Dabei sind sie nicht selbst am Sterbebett anwesend, sondern erleben den Übergang eines Menschen an dem Ort, an dem sie sich gerade befinden. Sie berichten dann häufig von Tunnelsituationen und begleiten den Betroffenen im außerkörperlichen Zustand bei seinem Übergang ins Licht. Selbst beim plötzlichen Tod wird dieses Miterleben des Todesmomentes immer wieder berichtet.

Eine Seminarteilnehmerin berichtete: «Meine Mutter war schon seit längerer Zeit schwer krank. Wir ahnten, dass sie sterben wird, aber wir wollten, dass sie zu Hause stirbt. Die Familie organisierte zusammen mit der Pflegestation eine Betreuung rund um die Uhr. An dem Tag ihres Todes war ich mittags in meine Wohnung gefahren, um mich auszuruhen. Ich legte mich auf das Sofa und schlief ein. Im Traum hörte ich die Stimme meiner Mutter, die mich beruhigen wollte. Dann sah ich sie in der Badewanne sitzen und beobachtete, wie sie ins Wasser rutschte und ertrank. Vor Schreck wachte ich auf. Kurz darauf klingelte das Telefon, und meine Schwester teilte mir mit, dass meine Mutter in der Badewanne ertrunken war.»

3. Mediale Kundgaben und Mystiker

Eine überaus wichtige Quelle für Jenseitsinformationen sind seriöse Medien, über die viel an Botschaften und Informationen über die geistige Welt auf diese Erde gekommen sind. Wir finden viele Ähnlichkeiten zu anderen Schilderungen. Medien können Kontakte zu Verstorbenen herstellen oder haben gar direkte Einblicke in die geistige Welt durch Hellsichtigkeit. Andere können die Bewusstseinsfelder lesen, in denen all unsere Gedanken, Taten und Worte gespeichert sind. Rudolf Steiner beispielsweise bezeichnete diese Felder schon zu Beginn des 20. Jahrhunderts als «Buch des Lebens» («Akasha-Chronik»). Er war imstande, hierin direkt Informationen abzulesen, und so finden sich in seinem Lebenswerk umfangreiche Bände über das nachtodliche Erleben eines Menschen.

Auch sogenannte Channel-Literatur, das heißt Aufzeichnungen von Menschen, die ein Kanal für geistige Informationen oder Wesen sind, beschreiben stets gleichlautende Jenseitsszenarien. Die verborgene Geschichte des Fortlebens nach dem Tod zieht sich wie ein roter Faden durch das gesamte Wissen der Menschheit von Anbeginn bis heute. Auch in den heiligen Schriften der Weltreligionen ist dieses Wissen vorhanden, wie auch die Mystiker aller Zeiten immer wieder von unterschiedlichen Jenseitsebenen oder tiefen Gotteserfahrungen berichtet haben. Es ist an der Zeit, dieses Menschheitswissen zusammenzufassen.

Das unmittelbare Erleben nach dem Tod

Wenn die feinstoffliche Silberschnur, welche den Geist mit dem Körper verbindet, endgültig durchtrennt ist, sprechen wir vom eigentlichen Tod eines Menschen. Die Seele kann nun nicht mehr in den Körper zurückkehren. Der Verstorbene erlebt sich als körperlos und nimmt alle Dinge am Sterbeort wahr. Viele verbleiben noch eine gewisse Zeit im Umfeld des abgestreiften Körpers oder halten sich bei ihren Angehörigen auf. Andere treten unmittelbar nach ihrem Tod die Reise zu höheren Jenseitsebenen an.

In jedem Fall erlebt ein Verstorbener eine immense Bewusstseinserweiterung, die mit zunehmender Entfernung vom Ort des Todes immer intensiver wird. Wir steigen höher und sehen Länder und Kontinente, die sich immer weiter entfernen, bis wir schließlich die Erde als Ganzes wahrnehmen. Die Aufmerksamkeit richtet sich nun auf einen Weg oder Tunnel. Dabei haben wir das Gefühl, uns auf ein Licht hinzubewegen. Unser Bewusstsein ist nicht länger begrenzt oder eingeengt. Die Beschränkungen des irdischen Körpers sind aufgehoben, und wir empfinden unbeschreibliche Leichtigkeit. Wir stellen fest, dass wir nach wie vor über ein Selbstbewusstsein verfügen und somit über eine eigenständige Identität. Wir sind in der Lage, alle Dinge gleichzeitig wahrzunehmen. Raum und Zeit behindern uns nicht länger. Durch den Übergang des Weges oder Tunnels, der manchmal auch als Dunkelheit oder Leere beschrieben wird, erweitert sich das Bewusstsein dergestalt, dass wir die Schönheit der geistigen Welt wahrzunehmen imstande sind.

Wir erkennen ein Licht, das warm, angenehm und hell ist. Es wirkt anziehend und blendet nicht. Das Lichtwesen, durch das wir alle einst nach unserem irdischen Tod hindurchgehen werden, ist Teil des EINEN Lichts, dessen Quelle GOTT ist. Es ist ein Vermittler dieser Liebe, keineswegs aber Gott, Jesus oder ein sonstiger Religionsstifter selbst. Kein Mensch würde die höchste energetische Strahlkraft Gottes ohne weiteres ertragen können. Das lebendige Licht hüllt uns nun ein, und wir verstehen, dass wir in unserer eigentlich Heimat angekommen sind. Alles scheint uns vertraut.

Die Erfahrung dieser Liebe ist gleichzeitig die Erfahrung der Ebenbildlichkeit Gottes. Diese bezieht sich nicht auf den Körper, sondern auf die Seele. Wer sich hier befindet, ist in der Liebe.

Wir verfügen deswegen über alles Wissen, weil wir erkennen, dass alles Sein Liebe ist. Wir bemerken, dass wir nicht alleine sind, sondern dass ein Empfangskomitee aus verstorbenen Verwandten, Engeln oder Personen, die wir schätzten, anwesend ist. Das Jenseits entspricht zunächst auf dieser Ebene des Übergangs dem Aussehen der diesseitigen Welt, allerdings in einer feinstofflichen Form. Hier ist alles unvergänglich. Es ist aber eine Welt der Identität und keineswegs eine formlose Masse von Seelen. Wir erkennen Personen, die wir geliebt haben. Wir sehen Landschaften, die uns vertraut erscheinen. Es gibt Gebäude, Straßen, Seen, Hügel, wobei hier alles von einem unvergänglichen Licht durchdrungen ist.

Nach der Begrüßung, manchmal auch davor, setzt die Lebensrückschau ein. Wir bewerten nun selbst unser soeben beendetes Leben. Wir werden mit den Auswirkungen unseres Lebens auf andere konfrontiert. Die Eigenverantwortung für unser Leben wird durch eine klare, nicht zu leugnende Empfindung unseres eigenen Verhaltens uns selbst und anderen gegenüber offenbar. Je nachdem, wie wir uns selbst empfinden, ordnen wir uns einem bestimmten Bewusstseinszustand zu: War unser Leben hell und licht, gehen wir ins Licht, war das Leben schuldbeladen, und wir sind voll Reue über unsere Handlungen, weichen wir dem Licht aus, um unsere nicht gelösten Probleme zu bearbeiten. Diese Bewusstseinszustände sind nicht mit Vorstellungen von Hölle zu verwechseln, und es gibt auch keine ewige Verdammnis. Die Außenwelt jedoch, die wir nun zunächst wählen, entspricht der eigenen Innenwelt, und doch ist immer Hilfe da. Wenn wir dies erkennen können und darum bitten, wird uns Hilfe zuteil.

Irdisch gesehen dauern diese Zustände unterschiedlich lange, je nachdem, wie viel Schuld wir auf uns geladen haben. Dann können wir uns eine Aufgabe oder Beschäftigung suchen, wobei wir absolut frei sind in der Wahl. Wir sind also nichts anderes als die Summe der Gedanken, Taten und Worte unseres Erdenlebens.

Durch den Übergang, den wir Tod nennen, beginnt also nur eine andere Form der Existenz. Niemand ist durch den Tod automatisch erlöst oder ein neuer Mensch. Wir bleiben zunächst die Person, die wir schon auf Erden waren. Nichts geht verloren, und der individuelle Geist bleibt erhalten.

Die jenseitige Welt, die wir nun betreten haben, ist lichtstofflicher, feinstofflicher Natur und deshalb für die meisten lebenden Menschen unsichtbar. Es ist ein anderer Frequenzbereich, der aus Energien und Schwingungen besteht, die jenseits des physischen Spektrums liegen.

Die unterschiedlichen Sphären der jenseitigen Welt

Grundsätzlich findet sich in allen Schriften über das Jenseits eine Einteilung in sieben Sphären:

1. Der Augenblick des Todes
2. Das Zwischenreich der verlorenen Seelen
3. Die Wunschwelt in der Ebene der Illusion
4. Die Ebene der Farbe
5. Die Ebene des Feuers
6. Die Ebene des hellen, klaren Lichts
7. Die Einswerdung mit Gott

Von ausschlaggebender Wichtigkeit für die Jenseitserfahrung ist zunächst der Augenblick des Todes, weil sich in ihm unmittelbar unsere Gedanken manifestieren. Die Welt des Jenseits ist eine Welt der Gedanken, in der alles gleichzeitig erfahren wird.

So ist es zu erklären, dass manche Seelen im Übergang stecken bleiben, da sie nicht verstehen, dass sie gestorben sind. Es

handelt sich hierbei um das Zwischenreich der verlorenen Seelen, das sich zwischen der Erde und den eigentlichen Jenseits-
sphären befindet. In den Nahtoderfahrungen wird dieser dunkle
Bereich immer wieder beschrieben und meistens bei der Durch-
querung des Tunnels wahrgenommen. Dieses Zwischenreich ist
das des niedrigsten, nach dem Tod möglichen Bewusstseins. Hier
existieren die Seelen, die erdgebunden sind. Die erdgebundenen
Geister halten sich weiterhin in der materiellen Welt auf, da sie
durch Besitzgier, Hass, Wut, Rache und Unerledigtes an die Erde
gebunden bleiben. Es sind die verlorenen Seelen, die für Polter-
geistphänomene oder Besessenheit verantwortlich sind. Dieser
Zustand ist ein Bewusstseinszustand, da diese Seelen das Licht
nicht wahrnehmen. Sie müssen lernen, das Licht erkennen zu
können. Zahlreiche Menschen oder spirituelle Zentren, wie beispielsweise Klöster, beten für diese Seelen, damit sie ihren Weg
ins Licht finden können.

Die meisten Menschen kommen direkt nach ihrem Tod in die
sogenannte Wunschwelt oder Ebene der Illusion. Hier spiegeln
sich die irdischen Vorstellungen vom Himmel wider. Aus dieser
Ebene entstammen die meisten der heute vorliegenden Jenseitsbeschreibungen. Man hat den Eindruck, dass sich irdische Ver-
hältnisse genauestens widerspiegeln. Da ist von wunderbaren
Landschaften die Rede, von Wohnhäusern, Gebäuden, Lernzen-
tren oder gar Lichtstädten. Tiere, Pflanzen, Farben und Töne
werden beschrieben, wobei alles von einem überirdischen Licht
durchdrungen ist. Es handelt sich aber um eine Orientierungs-
ebene. Hier lernt der Geist, sich in der jenseitigen Welt auf seine
feinstoffliche Existenz einzustellen.

Das Umfeld, welches nun erlebt wird, ist ein Produkt der eigenen Gedanken. Die Seele gelangt in den Sein-Zustand, der ihre
eigenen Interessen widerspiegelt. Dementsprechend können alte
Gewohnheiten und Abhängigkeiten aufrechterhalten werden.
Selbst sexuelle Neigungen, Süchte jeder Art und sonstige sinn-
liche Wünsche können befriedigt werden.

Letztlich aber dient der Aufenthalt in dieser Sphäre dazu, dass alle niederen, emotionalen Bedürfnisse abgelegt werden, damit sich die Seele verfeinern kann, um auf die höheren Ebenen zu gelangen. Dazu gehört der Loslösungsprozess von irdischen Verhaltensweisen und Erinnerungen. Dann erst öffnet sich der Geist den höheren Aspekten seines Bewusstseins und legt die Grenze seiner Selbstbeschränkung ab. Erst nachdem er diese Stufe durchschritten hat, kann er den eigentlichen Himmel betreten. Die Seele entscheidet darüber, ob sie aufsteigen will oder sich neu inkarniert. Der freie Wille besteht nämlich nach dem Tod durchaus weiter. Die Dauer des Aufenthaltes auf dieser Ebene nach dem Tod ist sehr unterschiedlich, je nach den Bedürfnissen der individuellen Seele.

Über die anderen, höheren Ebenen der jenseitigen Welt gibt es nur spärliche Informationen, da sie dem Verstand des Menschen kaum zugänglich sind. Die Seele erlebt immer feinere und höhere Schwingungen, und die Erkenntnis des Göttlichen wird immer heller und klarer.

In der Ebene der Farbe, dem vierten Jenseitsbereich, übt sich der freie Geist in der Beherrschung der Form. Er bildet seine Schöpfungsfähigkeiten heraus, um sich von den letzten Resten der Erdgebundenheit zu lösen. Das ist aus menschlicher Sichtweise ein lang andauernder Prozess.

Auf der fünften Ebene, der des Feuers, erforscht die Seele das Universum außerhalb der Erde. Sie kann sich nun in einem spezifischen astralen Körper überall hinbewegen, auch auf andere Planeten oder in ferne Galaxien.

Auf der Ebene des Lichts wird jegliche Materie und Form vollständig hinter sich gelassen. Der einstige Mensch ist nun ein reiner Gedanke geworden, ein Zustand, der uns möglicherweise sogar Angst bereitet, in Wirklichkeit aber reine Ekstase beinhaltet.

In den höheren Ebenen schwingt der Geist im Einklang mit der göttlichen Essenz und wird zu einer Spiegelung seiner Herrlichkeit. Wir erleben hier unaussprechliche und unbeschreibbare

Bewusstseinserweiterungen, die sozusagen alles Sein umfassen. Wir könnten es als die reine, absolute Liebe und Seligkeit begreifen. Dieses Geheimnis, dass Gott Liebe ist, wurde von den Mystikern aller Zeiten real erfahren.

Die Seele behält ihre individuelle Identität in ihrem Entwicklungs- und Reifungsprozess auf ihrem Weg zur Einswerdung mit Gott, dem Ursprung und der Quelle allen Seins, die wir zum gegenwärtigen Zeitpunkt nicht dauerhaft ertragen würden. In der Bibel ist mit diesem Endzustand offenbar das neue himmlische Jerusalem gemeint. Hier erst ist alle Trennung aufgehoben, und der Mensch empfindet sich als eins mit aller Schöpfung und als individueller Teil der Gottheit.

Wir verfügen heute über zahlreiche Jenseitsbeschreibungen unterschiedlicher Kulturen und Zeiten, die sich in ihren Kernaussagen decken. Rudolf Steiner spricht in seinem Buch «Geheimlehre» ebenfalls von sieben Hauptsphären. Er schreibt: «Es ist das Ziel jedes Menschen, eines Tages voll und ganz in dieses göttliche Licht zurückzukehren als Individualität, die wir immer waren und sein werden.»[59]

Der indische Weise Yogananda beschreibt eine Begegnung mit seinem verstorbenen Lehrer Yukteswar. In diesem Bericht der asiatischen Kultur findet sich ebenfalls das Zwischenreich der verlorenen Seelen, verschiedene Astralebenen sowie die feinste und höchste Stufe, auf welcher wir jenseits aller Form eins werden mit dem Göttlichen.

Auch die Existenz der Totenbücher (Islam, Ägypten, Tibetisches Totenbuch) belegen die unterschiedlichen Jenseitsebenen.

Es gibt heute eine Vielzahl von individuellen und spontanen Erfahrungsmöglichkeiten mit der geistigen Welt. Bewusstseinserweiterungen sind dabei ein integraler Bestandteil derartiger Erlebnisse. Sie können in unterschiedlichen Formen auftreten: Viele Menschen erleben beispielsweise durch tiefe Meditation außerkörperliche Erfahrungen und berichten immer wieder davon, dass ihre Seele im Weltraum schwebte oder sich gar mit

Gott verbunden hat. Gotteserfahrungen, wie sie von den Mystikern beschrieben wurden, werden spontan erlebt. Dabei kann es durchaus zu Begegnungen in unterschiedlichen Bereichen der geistigen Welt kommen. In der Vereinigung mit allem Sein, in dem sich jegliche Trennung aufhebt, kann es zu einer direkten Verschmelzung mit der Gottheit kommen. Dazu das Beispiel von Beverly, die durch einen Motorradunfall schwer verletzt wurde und dabei eine intensive Gotteserfahrung machte:

«Nun wurde mir eine außergewöhnliche Reise durch das Universum zuteil. In einem Augenblick gelangten wir zu dem Zentrum, in dem die Sterne geboren werden, Supernovä explodieren und viele andere himmlische Ereignisse stattfinden, für die ich keinen Namen habe. Der Eindruck, den ich heute von diesem Trip habe, ist der, dass es sich anfühlte, als sei das Universum ein einziges riesiges Objekt, das aus demselben Grundstoff besteht. Raum und Zeit sind Illusionen, die uns auf unserer Ebene festhalten; dort draußen ist alles simultan gegenwärtig. Ich war Passagier eines göttlichen Raumfahrzeugs, mit dem der Schöpfer mir die Fülle und Schönheit seiner ganzen Schöpfung zeigte.

Das Letzte, was ich sah, bevor jegliches äußere Sehen endete, war ein prachtvolles Feuer – der Kern und das Zentrum eines wunderbaren Sterns. Vielleicht war das ein Symbol für die Gnade, die mir nun zuteil werden sollte. Alles verblasste, bis auf eine volle, reiche Leere, in der er und ich alles, was ist, umfassten. Hier erfuhr ich in unbeschreiblicher Herrlichkeit die Gemeinschaft mit dem Lichtwesen. Nun war ich nicht nur von allem Wissen erfüllt, sondern auch mit aller Liebe. Es war, als würde sich das Licht in mich und durch mich ergießen. Ich war Gottes Objekt der Anbetung; und seine/unsere Liebe schenkte mir Leben und Freude jenseits aller Vorstellung. Mein Wesen wurde verwandelt; meine Verblendungen, Sünden und Schuld wurden vergeben und geläutert, ohne dass ich darum bat: Nun war ich Liebe, ursprüngliches Sein und Glückseligkeit. Und in einem gewissen Sinn bleibe ich dort auf ewig. Eine solche Vereinigung kann nicht mehr gelöst werden. Sie war immer, ist immer und wird immer sein.»[60]

So ist der Mensch also keineswegs ein Endzustand von Entwicklung, sondern ein Durchgang, bis wir irgendwann jenseits materieller Verkörperung angesiedelt sind. Wir sind sozusagen «Götter in Vorbereitung». Die Evolution des Bewusstseins zeigt, dass wir nur durch die reine Liebe erlöst werden können. Es gibt keine andere Bewegung, als sich auf Gott hin auszurichten, da wir aus ihm entstammen und, mit Schöpferkraft ausgestattet, in ihn zurückkehren werden. Auf diesem Weg zurück geht keine Seele verloren.

Aus diesen Ausführungen kann der Schluss gezogen werden, dass Bewusstsein ein grundlegendes kosmisches Phänomen ist und dass es im gesamten Universum existiert! Es gibt keinen Tod – es gibt nur Leben als ewig fortschreitendes Bewusstsein.

Gebet

HERR,
lass uns nicht nur Dein Heil schauen,
sondern schon jetzt Heil sein.
Im Hier und jetzt des Augenblicks
liegt die Erkenntnis der Liebe.
Wenn wir in der Liebe sind,
gibt es keine Angst und keinen Schmerz.

Wenn der Morgentau
des Lebens zu Staub wird,
lass uns vertrauen auf Dich.
Lass uns Deine ewige Liebe
erkennen
und in ihr sein.

Herr, gib uns Deinen Frieden,
jetzt und in Ewigkeit.
Amen.

Nachwort

Sterben in Zeiten der Überalterung

In den nächsten Jahren werden gewaltige Veränderungen auf uns zukommen: Ganze Völker werden in einem bisher nicht gekannten Ausmaß altern. Darüber hinaus werden wir länger leben als jemals zuvor, wobei auf der anderen Seite immer weniger Kinder geboren werden. Das bedeutet, dass die Bevölkerungsdynamik vom Sterben und nicht mehr von der Geburt geprägt sein wird. Wir stehen damit vor einer neuen Phase der Weltgeschichte, was zu gewaltigen sozialen und gesellschaftlichen Veränderungen führen wird. Themen wie Rente, Altenheimplätze oder Sterben werden uns dominieren. Die daraus resultierenden Veränderungen unserer Zivilisation haben schon lautlos begonnen: Schulen werden geschlossen, Arbeitszeiten verlängert, Renten gekappt, und Dörfer werden verlassen.

Vor allem die Menschen der geburtenstarken Jahrgänge, die zwischen 1950 und 1964 geboren wurden, werden die gesamte westliche Gesellschaft in dem Moment, in dem sie in Rente gehen (ab 2010), in einen Ausnahmezustand versetzen. Daneben ist die Lebenserwartung – die wohl der Schlüsselbegriff unserer unmittelbaren Zukunft sein wird – in den vergangenen Jahren enorm gestiegen. Neuesten statistischen Erhebungen zufolge können wir durchaus 100 Jahre und älter werden. Diese Überalterung wird zu einer Transformation unserer Gesellschaft und Kultur führen. «Deutschland wird älter und zahlenmäßig schwächer werden – nach Schätzungen der UN im Jahre 2050 um zwölf Millionen Menschen. Das sind mehr als die Gefallenen aller Länder im Ersten Weltkrieg.»[61]

Die Regierungen haben die Zukunftsbilanzen in den vergangenen Jahren zu sehr geschönt, da sie die Lebenserwartung des Menschen viel zu niedrig angesetzt haben. Damit die Rechnungen der Sozialkassen aufgehen, müssten die heute 30- bis 50-Jährigen früh genug sterben. Das heißt nichts anderes, als dass die gestiegene biologische Lebenserwartung einer gesellschaftlichen Sterblichkeitserwartung gegenübersteht. Die geheime Botschaft heißt: Stirb rechtzeitig!

Genau diese Problematik zeigt sich schon jetzt unverhohlen. Die Renten steigen nicht mehr, sondern werden abgesenkt, und der Einzelne muss immer mehr an Eigenleistung für seine Gesundheit aufbringen. Das wird längerfristig zu einem totalen Zusammenbruch der Gesundheits- und Pflegesysteme führen. Die Konsequenz für Pflegebedürftige und Sterbende ist schon jetzt erschütternd, wie das folgende Beispiel illustriert: Von einem kleinen Taschengeld von 80 Euro im Monat sollen Heimbewohner nun auch noch die Praxisgebühr und die Medikamentenzuzahlung bestreiten. Selbst am Ende ihres Lebens werden Menschen so zu einem Wirtschaftsfaktor, wobei allerdings für die eigenen Bedürfnisse nichts mehr übrig bleibt.

Wer die demographischen Daten angesichts der Überalterung einerseits und der gestiegenen Lebenserwartung andererseits genau betrachtet, kommt nicht umhin festzustellen, dass die Politik es versäumt hat, sich auf die gravierenden sozialen und letztlich unsere Gesellschaft total verändernden Bedingungen unserer eigenen Zukunft einzustellen. Aufgrund der höheren Lebenserwartung geraten wir mit unserer biologischen Uhr in Konflikt. Da wir ein langes Alter vor uns haben, werden wir sehr lange im Angesicht des sich nahenden Todes leben müssen. Das bedeutet nichts anderes, als dass sich die Sinnfragen «Wer sind wir?», «Woher kommen wir?», «Wohin gehen wir?» mit Macht stellen werden. Das Altern und die daraus resultierende Problematik wird Politik werden, was unsere gesamte bisherige Kultur in ihren Grundfesten reformieren wird. Nachdenken über den Sinn des Lebens mag für junge Menschen ein Luxus sein. «Für eine Gesellschaft, deren Mehrheit über 50 Jahre alt ist und die deshalb nur noch eine subjektive Lebensperspektive von 30 Jahren hat, wird aus dem Luxusgut ein Grundnahrungsmittel. Denn für viele dieser vielen wird ihr verbleibendes Leben tief gefärbt sein von menschlichen Urängsten und Urerfahrungen, wie Schmerz, Krankheit, Einsamkeit, Hinfälligkeit, Demenz und Tod.»[62]

Damit werden ganze Bevölkerungsgruppen in permanente seelische Krisen verfallen. In dem Ausmaß freilich, in dem wir uns mit den Themen Krankheit, Einsamkeit oder Sterben frühzeitig beschäftigen, könnten wir positive Gegenbilder entwerfen, die allerdings derzeit noch völlig fehlen.

Bis zum Jahr 2050 wird der Anteil hochbetagter Pflegebedürftiger enorm ansteigen, was dramatische Auswirkungen auf die sozialen Sicherungs- und Versorgungssysteme haben wird. Die tägliche Berichterstattung über den Pflegenotstand in Deutschland und die Missstände in den Pflegeheimen aufgrund fehlenden Personals dokumentiert schon heute die dramatisch ansteigende Zahl pflegebedürftiger Menschen. Ebenso steigen die Alzheimererkrankungen stetig an. Bei den über 90-Jährigen sind schon jetzt über 40 Prozent davon betroffen.[63] Das führt zu weiteren Kostenexplosionen.

Ein Drittel der über 60-Jährigen in Deutschland lebt in Einpersonenhaushalten. Werden diese älteren «Singles» krank und hilfsbedürftig, werden sie schnell von ihrer Situation überfordert sein. Je älter die Senioren werden, umso deutlicher zeigt sich das zahlenmäßige Übergewicht der Frauen, die älter als Männer werden und oft einsam sind. Fachleute sprechen schon von einer «Feminisierung des Alters». Dr. med. Erich Grassl schreibt zur Problematik der Überalterung:

«Fast alle Länder – vor allem in Europa – stehen vor derselben

Situation, was die Überalterung der Bevölkerung anbelangt, und suchen nach Lösungen für dieses Problem. Manche Leute schießen dabei weit über das ethisch Akzeptable hinaus, wenn sie zum Beispiel vorschlagen, alte Menschen weniger gut zu versorgen und Operationen bei Menschen in höherem Alter nicht mehr zu genehmigen. Dergleichen haben zwei deutsche Professoren und ein junger Politiker öffentlich gefordert. Es war ermutigend, dass in dieser Situation der Sozialverband Deutschlands sofort reagierte. Er erstattete gegen die beiden Professoren Anzeige wegen des Verdachts auf Anstiftung zum Mord aus niederen Beweggründen. Und der Verbandspräsident Peter Vetter erklärte dazu, es handle sich um die ‹unverblümte Aufforderung zur Euthanasie aus Altersgründen. Das einzige Motiv sei die Sanierung der Krankenkassenfinanzen – ein eindeutig niederer Beweggrund, nichts als Unmenschlichkeit.›»[64]

Die Kosten-Nutzen-Erwägungen des gegenwärtigen Gesundheitssystems fordern geradezu derartige Entsorgungsszenarien heraus. Wir wissen heute, dass vom Kostenaufwand her das Sterben des Menschen mit Abstand am teuersten ist. Der Wert des Lebens kann so schnell zu einem ökonomischen Kostenfaktor werden. Es gibt Schätzungen, wonach ein 14 Tage früheres Abstellen der Apparate in der Intensivmedizin das gesamte Gesundheitssystem sanieren würde.[65] Dann ist auch der Tag nicht fern, an dem es nur noch darum gehen wird, welche Kosten die Massen alter Menschen durch ihre bloße Existenz verursachen. Ein Krieg der Generationen wäre unvermeidlich.

Die Frage, die sich bei all den geschilderten Folgen von Pflegenotstand und Überalterung besonders stellt, ist, inwieweit dann überhaupt noch ein würdiges Sterben möglich sein wird. Der gesellschaftliche Druck auf alte Menschen wird zunehmen, und nicht wenige über 60-Jährige werden den Suizid als einzigen Ausweg wählen. Wenn wir nicht umgehend das Altern des Menschen neu definieren, werden wir in eine Zivilisation der Euthanasie eintreten. Frank Schirrmacher schreibt:

«Man wird vernehmbar über unsere Überzähligkeit diskutieren, über Euthanasie, über die letzten, teuren Wochen in den Krankenhäusern, die sogenannte aussichtslose Fälle zu Belastungen des Sozialwesens machen.

Es gibt keinen Erfahrungsbericht darüber, was geschieht, wenn in einer hochmodernen Gesellschaft sehr viele Ältere auf ganz wenige Junge treffen. Wir wissen heute nicht, was es bedeutet, wenn plötzlich die Mehrheit einer Gesellschaft nur noch eine Lebensperspektive von 20 Jahren hat.»[66]

Die sich entfaltende Problematik der Überalterung zeigt, wie wichtig es für uns ist, uns mit diesem auftretenden Themenkomplex schon jetzt zu beschäftigen. Der gesellschaftliche Umgang mit alten und hochbetagten Menschen entscheidet darüber, ob ein würdevolles Sterben überhaupt noch möglich sein wird. In der Europäischen Gemeinschaft freilich sind die Bestrebungen um aktive Sterbehilfe längst auf dem Vormarsch. In der Schweiz, in Belgien und Holland wird sie schon praktiziert – mit erschreckenden Folgen, wie das Beispiel Holland zeigt. Eine aktuelle Studie der Universität Remlink weist nach, dass in den Niederlanden schon jetzt Tausende von Menschen pro Jahr gegen ihren Willen getötet werden. In einer Zeit freilich, da durch die erhöhte Lebenserwartung in allen europäischen Staaten der Kollaps der Sozialsysteme droht, wird die Diskussion um aktive Sterbehilfe zu einer außerordentlichen Bedrohung für alte Menschen, zumal viele heutige Rentner in den kommenden Jahren schlicht verarmen werden. Nur diejenigen können sich dann noch Pflegeheime und teure Medikamente leisten, die genügend Geld dafür aufbringen können.

Die Betrachtung der inneren Vorgänge beim Sterben des Menschen hat gezeigt, wie sehr die Eigenverantwortung darüber entscheidet, wie wir sterben: ob schwer und verhärtet oder bewusst und leicht. Der Tag wird kommen, an dem wir mit unserer eigenen Wahrheit konfrontiert sein und uns selbst schonungslos ins Gesicht schauen werden. Wir sind das Produkt unserer Gedanken,

Taten und Worte. Je mehr wir an Gottvertrauen aufbringen können, desto eher erlangen wir die Erkenntnis des Getragenseins durch einen größeren geistigen Sinnzusammenhang.

Es zeigte sich, dass das eigentliche, tiefere Geheimnis des Sterbens in der Erfahrung der Liebe liegt. Jenseits von Angst, Schmerz, Einsamkeit, Demenz oder Not sind wir eigentlich immer geborgen. Das bedeutet nichts anderes, als dass die eigentliche Erlösung des Menschen ausschließlich durch Liebe erfolgt, da der Urgrund allen SEINS, Gott, Liebe ist. Wenn wir uns dieser Kraft schon im Leben bewusst wären, müsste kein Mensch alleine und unwürdig sterben. Würden wir diese Liebe ab sofort in den Heimen oder Krankenhäusern tatsächlich praktizieren, müssten wir auch vor den Folgen der Überalterung der Bevölkerung überhaupt keine Angst haben. Dann gäbe es einen grundsätzlichen Respekt vor Sterbenden und keine Diskussion darüber, wie man alte Menschen am leichtesten entsorgen könnte. Wir haben die Wahl.

Anhang

Anmerkungen

1 Vgl. Geo 12/2003 «Abschied und Neubeginn. Trauer.» S. 175–204, hier S. 185.
2 Vgl. Frankfurter Rundschau, 02. 01. 2004.
3 Walch, Sylvester: «Dimensionen der menschlichen Seele. Transpersonale Psychologie und holotropes Atmen.» Düsseldorf 2002. S. 420.
4 Vgl. Jakoby, Bernard: «Die Brücke zum Licht. Nahtoderfahrung als Hoffnung.» München 2002.
5 Vgl. ebenda, S. 38 ff.
6 Elsaesser Valarino, Evelyn: «Erfahrungen an der Schwelle des Todes. Wissenschaftler äußern sich zur Nahtodeserfahrung.» Genf 1995. S. 30.
7 Ewald, Günter: «Ich war tot. Ein Naturwissenschaftler untersucht Nahtoderfahrungen.» Augsburg 1999. S. 16.
8 Elsaesser Valarino, Evelyn: «Erfahrungen an der Schwelle des Todes.» S. 38.
9 Ring, Kenneth/Elsaesser Valarino, Evelyn: «Im Angesicht des Lichts. Was wir aus Nahtoderfahrungen für das Leben gewinnen.» München 1999. S. 139 f.
10 Stolp, Hans/Brink, Margarete van den: «Begegnungen im Lichtreich. Der Umgang mit Verstorbenen.» Grafing 2002. S. 130.
11 Zaleski, Carol: «Nah-Todeserlebnisse und Jenseitsvisionen.» Frankfurt am Main 1995. S. 210.
12 Ebenda, S. 209.
13 Elsaesser Valarino, Evelyn: «Erfahrungen an der Schwelle des Todes.» S. 55.
14 Weiss, Brian: «Die zahlreichen Leben der Seele. Die Chronik einer ungewöhnlichen Rückführungstherapie.» München 1994. S. 60 f.
15 Vgl. Mindell, Arnold: «Schlüssel zum Erwachen. Sterbeerlebnisse und Beistand im Koma.» München 1989.
16 Zaleski, Carol: «Nah-Todeserlebnisse und Jenseitsvisionen.» S. 215.

17 Ebenda, S. 217.

18 Vgl. ARD-Sendung «Dimension PSI» über Nahtoderfahrungen, 08. 12. 2003.

19 Vgl. ebenda.

20 Vgl. ebenda.

21 Zaleski, Carol: «Nah-Todeserlebnisse und Jenseitsvisionen.» S. 220.

22 Jakoby, Bernard: «Auch du lebst ewig. Die Ergebnisse der modernen Sterbe-forschung.» München 2000. S. 100 f.

23 Ebenda, S. 102.

24 Vgl. Jakoby, Bernard: «Auch du lebst ewig. Die Ergebnisse der modernen Sterbeforschung.» Taschenbuchausgabe Reinbek 2004. S. 184–208.

25 Renz, Monika: «Grenzerfahrung Gott. Spirituelle Erfahrungen in Leid und Krankheit.» Freiburg 2003. S. 214 f.

26 Dinzelbacher, Peter: «An der Schwelle zum Jenseits. Sterbebettvisionen im interkulturellen Vergleich.» Freiburg 1989. S. 22.

27 Ebenda, S. 36 f.

28 Ebenda, S. 41.

29 Ebenda, S. 22.

30 Osis, Karlis/Haraldsson, Erlendur: «Der Tod – Ein neuer Anfang.» Freiburg 1989. S. 21 f.

31 Ebenda, S. 21.

32 Jakoby, Bernard: «Die Brücke zum Licht.» München 2002. S. 26.

33 Ebenda, S. 27.

34 Faerber, Regina: «Der verdrängte Tod.» Genf 1995. S. 41.

35 Jaffé, Aniela: «Geistererscheinungen und Vorzeichen.» Zürich 1958. S. 59.

36 Osis, Karlis/Haraldsson, Erlendur: «Der Tod – Ein neuer Anfang.» S. 134.

37 Moody, Raymond A.: «Leben nach dem Tod. Die Erforschung einer unerklär-lichen Erfahrung.» Reinbek bei Hamburg, erweiterte Neuausgabe 2001. S. 59.

38 Sutherland, Cherie: «Als mir der Engel erschien. Begegnungen mit den himm-lischen Helfern.» München 2003. S. 80.

39 Sabom, Michael: «Erinnerung an den Tod. Eine medizinische Untersuchung.» München 1983. S. 70 f.

40 Osis, Karlis/Haraldsson, Erlendur: «Der Tod – Ein neuer Anfang.» S. 37.

41 Ebenda, S. 209.

42 Ebenda, S. 211.

43 Ebenda, S. 206.

44 Ebenda, S. 207.

45 Ebenda, S. 220.

46 Otterstedt, Carola: «Sterbenden Brücken bauen. Symbolsprache verstehen, auf Körpersignale achten.» Freiburg 2001. S. 178.

47 Ebenda, S. 179.

48 Ebenda, S. 180.

49 Ebenda, S. 183.

50 Jens, Walter/Küng, Hans: «Menschenwürdig sterben. Ein Plädoyer für Selbstverantwortung.» München 1996. S. 137 f.

51 Vgl. Rinpoche, Sogyal: «Das tibetische Buch vom Leben und Sterben. Ein Schlüssel zum tieferen Verständnis von Leben und Tod.» Bern 2003. S. 300 ff., und Mihm, Dorothea: «Mit dem Sterben leben. Aus der Praxis der spirituellen Sterbebegleitung.» Krummwisch 2003. S. 215 ff.

52 Die Bibel. Einheitsübersetzung. Herder 1980.

53 Luther-Bibel. Stuttgart 1985.

54 Ariès, Philippe: «Geschichte des Todes.» München 1982. S. 530.

55 Ebenda, S. 532.

56 Vgl. Geo 12/2003. S. 184.

57 Ebenda.

58 Jakoby, Bernard: «Das Leben danach. Was mit uns geschieht, wenn wir sterben.» München 2001. S. 88.

59 Schuberth, Ernst: «Zwischen Tod und Wiedergeburt. Texte Rudolf Steiners.» Frankfurt am Main 1988. S. 87 ff.

60 Ring, Kenneth/Elsaesser Valarino, Evelyn: «Im Angesicht des Lichts. Was wir aus Nahtoderfahrungen für das Leben gewinnen.» S. 300.

61 Schirrmacher, Frank: «Das Methusalem-Komplott.» München 2004. S. 14.

62 Ebenda, S. 133.

63 Vgl. Grassl, Dr. med. Erich: «Im Alter zu Hause. Ein Ratgeber für Senioren, ihre Angehörigen und Pflegekräfte.» München 2004. S. 17.

64 Ebenda, S. 19 f.

65 Vgl. Schirrmacher, Frank: «Das Methusalem-Komplott.» S. 125.

66 Ebenda, S. 64.

Literatur

Ariès, Philippe: «Geschichte des Todes.» München 1982.

Cardinal, Claudia: «Trauerheilung. Ein Wegbegleiter.» Düsseldorf 2002.

Dinzelbacher, Peter: «An der Schwelle zum Jenseits. Sterbebettvisionen im interkulturellen Vergleich.» Freiburg 1989.

Döring, Dorothea: «Leben in Würde bis zuletzt.» Paderborn 2002.

Elsaesser Valarino, Evelyn: «Erfahrungen an der Schwelle des Todes. Wissenschaftler äußern sich zur Nahtodeserfahrung.» Genf 1995.

Evdokas, Takis: «Der Tod, die große Illusion.» Neuwied 2002.

Ewald, Günter: «An der Schwelle zum Jenseits. Die natürliche und die spirituelle Dimension der Nahtoderfahrung.» Mainz 2001.

Ewald, Günter: «Ich war tot. Ein Naturwissenschaftler untersucht Nahtoderfahrungen.» Augsburg 1999.

Faerber, Regina: «Der verdrängte Tod.» Genf 1995.

Fenimore, Angi: «Jenseits der Finsternis. Eine Nahtoderfahrung, die in die Schattenwelt führte.» München 1996.

Grassl, Dr. med. Erich: «Im Alter zu Hause. Ein Ratgeber für Senioren, ihre Angehörigen und Pflegekräfte.» München 2004.

Grof, Stanislav: «Kosmos und Psyche. An den Grenzen menschlichen Bewusstseins.» Frankfurt am Main 1997.

Guggenheim, Bill und Judy: «Trost aus dem Jenseits. Unerwartete Begegnungen mit Verstorbenen.» München 1997.

Jakoby, Bernard: «Auch du lebst ewig. Die Ergebnisse der modernen Sterbeforschung.» München 2000.

Jakoby, Bernard: «Das Leben danach. Was mit uns geschieht, wenn wir sterben.» München 2001.

Jakoby, Bernard: «Die Brücke zum Licht. Nahtoderfahrung als Hoffnung.» München 2002.

Jakoby, Bernard: «Keine Seele geht verloren. Hilfe und Hoffnung bei plötzlichen Todesfällen und Suizid.» München 2003.

Jens, Walter/Küng, Hans: «Menschenwürdig sterben. Ein Plädoyer für Selbstverantwortung.» München 1996.

Kessler, David: «In Würde. Die Rechte der Sterbenden.» Stuttgart 2003.

Kübler-Ross, Elisabeth: «Interviews mit Sterbenden.» Stuttgart 1977.

Mihm, Dorothea: «Mit dem Sterben leben. Aus der Praxis der spirituellen Sterbebegleitung.» Krummwisch 2003.

Mindell, Arnold: «Schlüssel zum Erwachen. Sterbeerlebnisse und Beistand im Koma.» München 1989.

Moody, Raymond A.: «Leben nach dem Tod. Die Erforschung einer unerklärlichen Erfahrung.» Reinbek bei Hamburg, erweiterte Neuausgabe 2001.

Morse, Melvin/Perry, Paul: «Verwandelt vom Licht. Über die transformierende Wirkung von Nah-Todeserfahrungen.» München 1994.

Morse, Melvin/Perry, Paul: «Zum Licht. Was wir von Kindern lernen können, die dem Tod nahe waren.» München 1994.

Osis, Karlis/Haraldsson, Erlendur: «Der Tod ein neuer Anfang.» Freiburg 1989.

Otterstedt, Carola: «Sterbenden Brücken bauen. Symbolsprache verstehen, auf Körpersignale achten.» Freiburg 2001.

Renz, Monika: «Grenzerfahrung Gott. Spirituelle Erfahrungen in Leid und Krankheit.» Freiburg 2003.

Renz, Monika: «Zeugnisse Sterbender. Todesnähe als Wandlung und letzte Reifung.» Paderborn 2001.

Ring, Kenneth/Elsaesser Valarino, Evelyn: «Im Angesicht des Lichts. Was wir aus Nahtoderfahrungen für das Leben gewinnen.» Kreuzlingen 1999.

Rinpoche, Sogyal: «Das tibetische Buch vom Leben und Sterben. Ein Schlüssel zum tieferen Verständnis von Leben und Tod.» Bern 2003.

Ritchie, George/Sherrill, Elisabeth: «Rückkehr von morgen.» Marburg 1980.

Ritchie, Jean: «Blicke ins Jenseits. Berichte von der Schwelle zum Tod.» Bergisch Gladbach 1997.

Schirrmacher, Frank: «Das Methusalem-Komplott.» München 2004.

Schuberth, Ernst: «Zwischen Tod und Wiedergeburt. Texte Rudolf Steiners.» Frankfurt am Main 1988.

Sonnenschmidt, Rosina: «Exkarnation – Der große Wandel.» Berlin 2002.

Specht-Tomann, Monika/Tropper, Doris: «Zeit des Abschieds. Sterbe- und Trauerbegleitung.» Düsseldorf 1998.

Stolp, Hans/Brink, Margarete van den: «Begegnungen im Lichtreich. Der Umgang mit Verstorbenen.» Grafing 2002.

Sutherland, Cherie: «Als mir der Engel erschien. Begegnungen mit den himmlischen Helfern.» München 2003.

Sutherland, Cherie: «Tröstliche Begegnung mit verstorbenen Kindern.» München 1998.

Tausch-Flammer, Daniela/Bickel, Lisa: «Spiritualität der Sterbebegleitung. Wege und Erfahrungen.» Freiburg 1997.

Walch, Sylvester: «Dimensionen der menschlichen Seele. Transpersonale Psychologie und holotropes Atmen.» Düsseldorf 2002.

Weiss, Brian: «Die zahlreichen Leben der Seele. Die Chronik einer ungewöhnlichen Rückführungstherapie.» München 1994.

Zaleski, Carol: «Nah-Todeserlebnisse und Jenseitsvisionen.» Frankfurt am Main 1995.

Nützliche Adressen

Deutschland
Bundesarbeitsgemeinschaft Hospiz zur Förderung
von ambulanten, teilstationären und stationären Hospizen
und Palliativmedizin e. V.,
Am Weiherhof 23, 52382 Niederzier, Tel. 0 24 28/80 29 37

Deutsche AIDS-Hilfe e. V.,
Dieffenbachstr. 33, 10967 Berlin, Tel. 0 30/6 90 08 70

Deutsche Hospiz-Stiftung,
Im Defahl 5–10, 44229 Dortmund, Tel. 02 31/7 38 07 30

Deutsche Krebshilfe e. V.,
Thomas-Mann-Str. 40, 53111 Bonn, Tel. 02 28/72 99 00

Deutscher Kinderhospizverein e. V.,
Kupferweg 6, 57462 Olpe, Tel. 0 27 61/96 95 55

IGSL – Internationale Gesellschaft für Sterbebegleitung
und Lebensbeistand e. V.,
Zeppelinstr. 6, 55411 Bingen, Tel. 0 67 21/1 03 18

OMEGA – Mit dem Sterben leben e. V.,
Bundesgeschäftsstelle, Postfach 1407, 34346 Hann. Münden,
Tel. 0 55 41/48 81 oder 53 56

Telefonseelsorge
Tel. 08 00/1 11 01 11 (evangelisch),
Tel. 08 00/1 11 02 22 (katholisch),
Kinder- und Jugendtelefon 08 00/1 11 03 33

Verwaiste Eltern in Deutschland e. V.,
Bundesstelle, Fuhrenweg 3, 21391 Reppenstedt, Tel. 0 41 31/6 80 32 32

Österreich

Dachverband von Palliativ- und Hospizeinrichtungen,
Lainzer Str. 138, 1130 Wien

Kriseninterventionszentrum,
Spitalgasse 11, 1090 Wien, Tel. 02 22/4 39 59 50

Verwaiste Mütter, Väter, Geschwister
Elisabeth Maurer, Schererstr. 50/4/9, 1210 Wien
Versammlungsort: Amalienstr. 21–33, Zi. 14, Wien 13

Schweiz

Stiftung Begleitung in Leid und Trauer, Tel. 0 52/2 69 02 12,
www.leidundtrauer.ch

Stiftung Pro Mente Sana, Tel. 08 48/80 08 58,
www.promentesana.ch
Beratung bei Problemen im Zusammenhang
mit psychischen Krisen

Internetadressen im Umfeld von Sterben und Trauer
www.geo.de/trauer
www.leben-ohne-dich.de
www.virtual-memorials.com

Kontakt

Bei Interesse an Seminaren und Vorträgen oder einem
Kontaktwunsch mit dem Autor: www.sterbeforschung.de

Wenn Sie eigene Erlebnisse mitteilen möchten, können
Sie diese schriftlich an folgende Adresse schicken:

Bernard Jakoby
c/o Verlag Langen Müller
Thomas-Wimmer-Ring 11
D-80539 München

Danksagung

Ich danke

- dem gesamten Verlagsteam für die Unterstützung meiner Arbeit, besonders meinem Lektor Hermann Hemminger für die wertvollen Hinweise bei der Erstellung des Manuskripts;
- meinen Freunden, die mich, wenn ich ihren Rat brauchte, nie im Stich gelassen haben: Alexander Rolfes, Nicki Bausch und Hanne Glauche;
- den vielen Menschen, die mir ihr Vertrauen schenken;
- Markus Neumann für seinen unermüdlichen Einsatz und Beitrag zum Gelingen meiner Projekte;
- dem Himmel über mir, der mich dahin geleitet hat, wo ich heute stehe.

Bernard Jakoby